अंधविश्वास : प्रश्नचिह्न और पूर्णविराम

अंधविश्वास
प्रश्नचिह्न और पूर्णविराम

डॉ. नरेंद्र दाभोलकर • प्रो. परशराम राऊ आर्डे

प्रधान सम्पादक
डॉ. सुनीलकुमार लवटे

समन्वयक
डॉ. चंदा सोनकर

अनुवाद
सागर कांबले

अनुवाद सम्पादक
डॉ. गिरीश काशिद

सार्थक
राजकमल प्रकाशन का उपक्रम

मूल मराठी ग्रंथ 'अंधश्रद्धा : प्रश्नचिह्न आणि पूर्णविराम' का हिन्दी अनुवाद।

ISBN : 978-93-90971-88-6

मूल्य : ₹ 175

पहला संस्करण : 2021

सार्थक राजकमल प्रकाशन का उपक्रम

प्रकाशक
राजकमल प्रकाशन प्रा.लि.
1-बी, नेताजी सुभाष मार्ग, दरियागंज
नई दिल्ली-110 002

शाखाएँ
अशोक राजपथ, साइंस कॉलेज के सामने, पटना-800 006
पहली मंज़िल, दरबारी बिल्डिंग, महात्मा गांधी मार्ग, प्रयागराज-211 001
36 ए, शेक्सपियर सरणी, कोलकाता-700 017
वेबसाइट : www.rajkamalprakashan.com
ई-मेल : info@rajkamalprakashan.com

मुद्रक
बी.के. ऑफसेट
नवीन शाहदरा, दिल्ली-110 032

ANDHVISHWAS : PRSHNCHIHN AUR PURNVIRAM
by Dr. Narendra Dabholkar, Professor Parsharam Rao Arde

जिनके वैज्ञानिक प्रश्नों ने अंधविश्वासों को
निरंतर चुनौती दी
उन सभी को

क्रम

दो शब्द

महाराष्ट्र में अंधविश्वास उन्मूलन आन्दोलन का सफर विगत कई सालों से शुरू है। अंधविश्वास से सम्बन्धित विषयों पर संवाद, शिविर, व्याख्यान, बहस हो रही है। इस दौरान समझ में आ गया कि इस बात पर हाल में कुछ विचार-विमर्श नहीं हुआ है। जो अंधविश्वास मानते नहीं, वे थोड़े लोग अंधविश्वास की समूची बात को केवल मूर्खता के तौर पर नकार देते हैं। जो मानते हैं, वे उससे चिपक कर बैठते हैं। आन्दोलन के चलते पहली बार अंधविश्वास की कई बातों पर बहस होने लगी। हर उम्र के स्त्री-पुरुषों में इसके बारे में बड़ी उत्सुकता है, यह समझ में आया।

यह स्वाभाविक ही था कि व्याख्यान के बाद संवाद के स्थान पर प्रश्नों की भरमार होती थी। प्रश्न विभिन्न प्रकार होते और विभिन्न उद्देश्य से पूछे जाते। कइयों को कुतूहल होता, कइयों को विज्ञान समझना होता। कई लोग बहस के लिए प्रश्न पूछते, तो कुछेक की वक्ताओं पर धाक जमाने के लिए प्रश्न पूछने की तीव्र इच्छा होती। ये सभी प्रश्न हमारे पास थे ही। समाचार-पत्रों में दिए हमारे आवाहन के तौर पर कई प्रश्न पूरे महाराष्ट्र से आ गए। इन सभी में से कुछ प्रश्नों को इसमें शामिल किया है। चाहकर भी सभी प्रश्नों को शामिल करना सम्भव न हो पाया।

इस प्रस्तुति को कुल नौ विषयों में विभाजित किया है, लेकिन उस विषय का सुचारु समूचा प्रस्तुतिकरण ऐसा उसका स्वरूप नहीं है। (जैसे 'भ्रम और निरास' मेरी इस पुस्तक में है।) और वह हमारा उद्देश्य भी नहीं। प्रश्नों का चयन करते समय आन्दोलन के कार्यकर्ता और जिज्ञासु श्रोताओं को केन्द्र में रखा है।

कार्यकर्ताओं को कई प्रश्नों के उत्तर देने पड़ते हैं। जिज्ञासु लोगों बहस के दौरान कई बातों को लेकर औरों का समाधान करना होता है। इसके लिए जैसे प्रश्न पूछे जाते हैं, उसमें जो गहराई और चुभन होती है, उसी के अनुसार प्रश्नों का चयन किया है। प्रश्नों के उत्तर विस्तार से नहीं दिए गए हैं। प्रश्न और पृष्ठों की सीमा के कारण ऐसा होना स्वाभाविक था। बावजूद प्रश्नों के उत्तरों में होनेवाले सभी मुद्दे आ जाएँ ऐसा प्रयास किया है। उससे विचारों का रुख सूचित होता है। अधिक वाचन, चिंतन, बहस हमेशा लाभदायी साबित होता है। इन विभिन्न विषयों के विस्तृत प्रस्तुतिकरण के लिए स्वतंत्र पुस्तिका प्रकाशित करने का भी इस आन्दोलन का प्रयास जारी है। कुछ प्रश्नों के उत्तर विस्तृत रूप में दिए हैं। फिर भी वे तर्कसंगत और टिप्पणी से संतुलित हैं, चूँकि उन प्रश्नों से सूचित होनेवाला दायरा स्वतंत्र पुस्तक जैसा व्यापक है।

प्रत्यक्ष बहस के दौरान हम ये उत्तर देते आए हैं, इसी कारण इन उत्तरों से प्रश्नकर्ता का समाधान होता है, ऐसा अनुभव है। बावजूद उत्तरों के सम्बन्ध में मतभेद होने पर उस बहस का हम स्वागत ही करेंगे। उत्तरों में होनेवाली कमियाँ कोई बताए तो उसे अवश्य दुरुस्त किया जाएगा क्योंकि इसका उद्देश्य आन्दोलन को प्रभावी बनाना और अंधविश्वास के मामलों को लेकर आम लोग समझदार बनें, यही है। इस पुस्तक का प्रूफ शोधन मेरी बहन श्रीमती लीला दाभोलकर ने बड़ी आस्था से किया, लेकिन उसको धन्यवाद देना उसे पसन्द नहीं आएगा।

—डॉ. नरेंद्र दाभोलकर

प्रो. परशराम राऊ आर्डे

गुरुडम

चमत्कार करनेवाले बहुसंख्य बाबा पाखंडी होते हैं यह सच है। लेकिन कुछ दैवी पुरुषों को चमत्कार करने की शक्ति प्राप्त होती है, यह सही है?

चमत्कार करनेवाले पाखंडी बाबा और तथाकथित दैवी पुरुष इनमें से किसी में भी चमत्कार करने की शक्ति नहीं होती है। जो उक्त चमत्कारों का दावा करते हैं, वे केवल हाथ की सफाई या विज्ञान के आधार पर ही चमत्कार करते हैं। ईश्वरीय शक्ति से नहीं।

विश्वख्यात बुद्धिप्रमाणवादी वैज्ञानिक डॉ. अब्राहम कोवूर ने चमत्कार का दावा करने वाले विश्वभर के ज्योतिषी, हस्तसामुद्रिक, मांत्रिक, देवऋषि, ईश्वरीय शक्ति प्राप्त होनेवाले तथाकथित स्त्री-पुरुष इन सभी को 1963 में चमत्कार साबित करने का आवाहन किया था। इस आवाहन को विश्वभर के समाचार-पत्रों ने प्रकाशित किया था। दोनों ओर से स्वीकृत मंच पर डॉ. कोवूर और उनके सहयोगी के सामने लोग चमत्कार साबित करें। साथ ही यह हाथ की सफाई है या नहीं इसे जाँचने का अधिकार डॉ. कोवूर के पास हो, यह शर्त थी। इस शर्त को स्वीकार कर जो चमत्कार साबित कर देगा, उसे एक लाख रुपयों का इनाम दिया जाएगा ऐसा कोवूर जी ने ऐलान किया था।

कोवूर की मृत्यु तक इस आवाहन को स्वीकार करने कोई भी सामने आया नहीं। इसका अपवाद रहे बेंगलुरु के एक डॉक्टर जी. व्यंकटराव। उन्होंने पहले आवाहन स्वीकार करने का नाटक किया। मगर जाँच की शर्तों को सुनते ही वह

पीछे हटे और 1000 रुपए पेशगी रकम गँवा दी।

स्वयंसिद्ध पुरुष होने का दावा करनेवाले विलास बाबा, तरडगाँव (जिला सातारा) और मीठाबाबा (बारामती) भी हाथ की सफाई ही करते थे। अंधश्रद्धा निर्मूलन समिति ने ऐसे कई मामलों का महाराष्ट्र में भंडाफोड़ किया है। अंधविश्वास उन्मूलन समिति, महाराष्ट्र, आज भी ईश्वरीय शक्ति से चमत्कार करनेवाले स्त्री-पुरुषों की जाँच कर एक लाख रुपयों के आवाहन और राशि के साथ तैयार है। तजुर्बे से अंधश्रद्धा निर्मूलन समिति को विश्वास हुआ है कि नाममात्र के ईश्वरीय पुरुष हाथ की सफाई या विज्ञान के प्रयोग से ही चमत्कार करते हैं। चमत्कार धोखाधड़ी का मामला होता है।

ज्ञानेश्वर ने भैंसे के मुख से वेद कहलवाए, दीवार चलाई। कई संतों ने ऐसे चमत्कार किए, इन सभी को झूठा कैसे कह सकते हैं?

संतों ने समाज को समता और मनुष्यता का उपदेश दिया, इस बारे में किसी को भी संदेह होने का कारण नहीं। मगर संतों ने चमत्कार किए, यह सच नहीं है। संत तुकाराम ने अपने अभंगों से चमत्कार करनेवाले पाखंडियों का कड़ा विरोध किया है। "यदि मनौती से हो संतति, तो क्यों करने लागे पति?" ऐसा पूछनेवाले तुकाराम स्वयं चमत्कार करेंगे या चमत्कार पर विश्वास करेंगे यह असम्भव ही लगता है। 'ज्ञानेश्वरी' में भी चमत्कार का कहीं पर भी जिक्र नहीं मिलता है। तुकाराम के ग्रंथ इंद्रायणी नदी में डूबकर भी सूखे रहे, ज्ञानेश्वर ने दीवार चलाई, दामाजी पंत की खातिर विठ्ठल (महाराष्ट्र के पंढरपुर में स्थित लोकदेवता) अछूत बने आदि चमत्कार कथाएँ कीर्तनकारों का इन संतों पर किया हुआ अत्याचार ही है।

स्वतंत्रता सेनानी सावरकर की 'विज्ञान और समाज' (सम्पादक प्र. न. जोशी) पुस्तक के निम्न वर्णन पर इस संदर्भ में गौर किया जा सकता है।

सामान्यत: 1300 से 1600 के काल में महाराष्ट्र में संत हो गए। इसी काल में अल्लाउद्दीन खिलजी ने महाराष्ट्र में आतंक मचाया था। 1310 तक वह रामेश्वर तक जा पहुँचा। ज्ञानेश्वर इसी काल में हो गए। ज्ञानेश्वर ने दीवार चलाई।

फिर जिंदा मनुष्यों ने अपने मंत्रों की शक्ति से अल्लाउद्दीन को विंध्य पर्वत के पास ही क्यों नहीं रोक दिया? या मंत्रों की शक्ति से विंध्य पर्वत को खिलजी की सेना के सामने रुकावट बनाकर क्यों नहीं रखा? ज्ञानेश्वर भैंसे के मुख से वेद कहलवा सके। फिर खिलजी देवगिरी पर हमला करने आ रहा है, यह रामदेव राय को ज्ञानेश्वर मंत्रों की शक्ति से क्यों बता नहीं पाए?

हाल ही में हुए संत गाडगे महाराज ने कोई भी चमत्कार नहीं किया या उन्होंने चमत्कार का समर्थन नहीं किया।

गाडगे महाराज की अंत्यविधि हजारों लोगों की उपस्थिति में हुई। उसके सभी प्रमाण उपलब्ध हैं। बावजूद इसके गाडगे महाराज संत तुकाराम के अवतार थे और वे सदेह वैकुंठ गए, इस प्रकार के चरित्र विद्वान व्यक्तियों ने लिखे हैं, जो आज बेचे जा रहे हैं। ज्ञानेश्वर का पहला चरित्र तो उनकी मृत्यु के लगभग ढाई-सौ सालों के बाद लिखा गया। ऐसी स्थिति में उसमें कुछ चमत्कार घुसेड़ना आसानी से सम्भव हुआ।

कई बाबा चमत्कार नहीं करते। इन बाबाओं का विरोध करने का कारण क्या है?

केडगाँव के नारायण महाराज कोई चमत्कार नहीं करते थे। फिर भी 'केडगाँव के नारायण महाराज भाग गए!' ऐसा सनसनीखेज अग्रलेख लिखकर आचार्य अत्रे ने नारायण महाराज के कृष्णकृत्य की पोल खोल क्यों की?

चमत्कार गुरुडम का खुला रूप है। चमत्कार न करनेवाले बाबाओं का उद्देश्य समान होता है। जो है स्त्रियों का उपभोग और पैसा। जहाँ बाबा वहाँ स्त्रियाँ और जहाँ बाबा वहाँ माया यह वाकई सच होता है।

चमत्कार न कर गुरुडम करनेवालों की भाषा अवैज्ञानिक होती है। बाँझ स्त्री ऐसे बाबा के पास ईश्वरीय आशीर्वाद का प्रसाद माँगने जाती है। ईश्वरीय आशीर्वाद से बच्चा नहीं होता यह सचाई बाबा को भी मालूम होती है। मगर वह इस बात को उस स्त्री को नहीं बताता। 'मेरी खिदमत करो', 'भैरवी पूजा करो' ऐसी अवैज्ञानिक बातें वह स्त्री को करने को कहता है। इसी ढंग से वाघमारे

बाबा ने 50 स्त्रियों के साथ सम्बन्ध रखे। स्त्री को वश करने के लिए 'विगत जन्म में तुम राधा थीं और मैं कृष्ण था' ऐसी भाषा का प्रयोग कर चमत्कार न करनेवाले बाबा स्त्री का अपराधबोध खत्म कर देते हैं और उसका अनुचित लाभ उठाते हैं। ईश्वर की कृपा या अवकृपा, पुनर्जन्म का पाप, दुष्ट शक्ति की बाधा, जादूटोना के कारण संकट आना ऐसी अवैज्ञानिक कल्पनाओं का बाबा आधार लेते हैं और इसमें उनके भक्त बननेवालों को धोखा होता है। उनके साथ भुलावा और फरेब होता है।

बुद्धि सामर्थ्य, विवेक और निर्भयता के बलबूते पर स्वयं के प्रश्न हल करने का प्रयास करने में ही मनुष्य की समझदारी है। बच्चा नहीं हो रहा है तो शारीरिक जाँच करानी चाहिए, यह वैज्ञानिक दृष्टि स्त्री-पुरुषों को देनी चाहिए। ऐसी दृष्टि बाबा लोग नहीं देते। इसी कारण सामाजिक-जीवन की दृष्टि से लंबे अरसे तक का विचार करें तो अवैज्ञानिक दृष्टिकोण का प्रयोग करनेवाले, चमत्कार न करनेवाले बाबाओं का भी विरोध करना होगा।

वर्तमान युग को हम विज्ञान युग कहते हैं। फिर इतनी तादाद में लोग बाबा, साधु, भगत के पीछे क्यों पड़ते हैं?

मनुष्य के मन पर पूर्वसंस्कारों का जबरदस्त प्रभाव होता है। हिन्दू धर्म में बताए कर्मविपाक सिद्धान्त का ऐसा ही जबरदस्त प्रभाव हिंदू-समाज पर है। यह सिद्धान्त ऐसा बताता है कि पूर्वजन्म के पाप के कारण इस जन्म में हमारे नसीब में दुख आते हैं। फिर इन दुखों को दूर करने के लिए लोग बाबा, साधु, भगत मध्यस्थों की भूमिका निभाते हैं। संकटों से परेशान मनुष्य कर्मफल की कल्पना से इन मध्यस्थ दलालों के चंगुल में फँस जाता है। एक स्त्री के पति को गले का कैंसर हुआ। स्त्री ज्योतिषी के पास गई। उसने बताया, "तुम्हारा पति पूर्वजन्म में शिकारी था। उसने गर्भवती हिरनी को तीर मार दिया। वह उसके गले में लगा। उसने प्राण त्यागते वक्त तुम्हारे पति को शाप दे दिया। उसी का यह परिणाम है।" इस पर इलाज के तौर पर ज्योतिषी ने 'सोने के हिरन की प्रतिपा ब्राह्मण को दान करो' ऐसी सलाह स्त्री को दे दी। स्त्री ने इस पर अमल किया किन्तु पति बच

न पाया। इस स्त्री का विज्ञान युग में होकर क्या लाभ? विज्ञान से रेडियो, टीवी, बिजली आ गई। किन्तु मन के अँधेरे का क्या? विज्ञान सृष्टि आ गई किन्तु विज्ञान युग के मनुष्य में विज्ञान दृष्टि नहीं आ सकी। अपना मन, आसपास के मनुष्य और प्रकृति के परस्पर सम्बन्ध से हमारे दुख निर्माण होते हैं, इसे समझने को वैज्ञानिक दृष्टि चाहिए। और भी एक महत्त्वपूर्ण कारण है। विज्ञान युग में जीवन असुरक्षित बनता जा रहा है। जीवित रहने के लिए कड़ी प्रतियोगिता, दुर्घटनाओं का डर, गुंडागर्दी, बेकारी, महँगाई, जातीय तनाव, इन कारणों से आनेवाली मजबूरी भी बाबा, साधु, भगत मध्यस्थों के पीछे पड़ने का महत्त्वपूर्ण कारण है।

गुरुडम के खिलाफ महाराष्ट्र में किर्लोस्कर ने पचास साल काम किया, उसके बावजूद आज भी गुरुडम कम नहीं हुआ। फिर ऐसा काम क्यों करते रहना चाहिए?

सामाजिक परिवर्तन अखरोट का पेड़ लगाने के समान है। अखरोट के फल बहुत देरी से लगते हैं। परिवर्तन के आन्दोलन के फल भी देर से ही प्राप्त होंगे। समाज मन धीरे-धीरे परिवर्तित होता है। महात्मा फुले ने नारी शिक्षा का प्रयास किया। उस समय लोग उन पर हँस पड़े। आज नारी शिक्षा सर्वस्वीकृत और आवश्यक मानी जा रही है। कर्वे ने संतति नियमन का विचार रखा। लोगों ने उस काल में उनका मजाक उड़ाया। आज संतति नियमन समाज धारणा का प्रतिवचन बना है। कोई द्रष्टा काम की शुरुआत करता है। उसका प्रयास भी एकाकी होता है। धीरे-धीरे लोगों को सचाई का एहसास होने लगता है और लोगों में बदलाव आने लगता है। कर्मवीर भाऊराव पाटील ने केवल पाँच-दस बच्चों को साथ लेकर बहुजनों को शिक्षा देने का प्रयास शुरू किया। उनके पहले किए कार्य का विस्तार बड़े पैमाने पर हुआ है। आज हम देखते हैं कि उनके लगाए पौधे का बरगद बन गया है।

किर्लोस्कर जिस काल में गुरुडम पर कड़ा प्रहार करते थे (आज भी वह कार्य जारी है। 'बोलता पत्थर' वाले मधुसूदन पटवर्धन पर विगत साल में किर्लोस्कर ने विशेष लेख लिखा था) उस काल में शिक्षा का अधिक प्रसार नहीं था। विज्ञान

का प्रसार सीमित था। गुरुडम की यंत्रणा शक्तिशाली थी। इसी कारण किर्लोस्कर के असर और गुरुडम के बल की तुलना नहीं हो सकती।

विगत कुछ सालों से विज्ञान का प्रसार गति से हो रहा है। नई पीढ़ी विवेकवादी बनती जा रही है। युवा बड़ी तादाद में गुरुडम के विरोध में जोश से भाग ले रहे हैं। कई प्रकार से अंधविश्वास उन्मूलन और परिवर्तन का आन्दोलन बढ़ रहा है। बावजूद इसके गुरुडम के मुनाफे का व्यवसाय होने के कारण इन लोगों ने तरीका बदलकर चालाकी दिखाई है। साधन सामग्री, भुलावा देनेवाली वैज्ञानिक भाषा और सामान्य जनों का अभी भी उन्हें ही समर्थन होने के कारण आज भी गुरुडम के खिलाफ लड़ाई विषम ही है। लेकिन यह लड़ाई दृढ़ता से जारी रखनी होगी। देर से ही भले, मगर सफलता निश्चित है।

बाबाओं की सामर्थ्य किसमें है? उनकी होशियारी में या लोगों की मूर्खता में?

बाबाओं की असली सामर्थ्य लोगों की विवशता में है। शिक्षा पूरी हुई, किन्तु नौकरी मिलेगी या नहीं इसकी निश्चितता नहीं है। दहेज के बाजार में विवाह होगा या नहीं, इसको लेकर मन में डर है। गुंडे कभी भी घर पर हमला कर सकते हैं। जातीय तनाव बढ़कर कब घर के खाक होने का कारण बन जाएँगे इसका भरोसा नहीं। पूरा जीवन ही असुरक्षित बन गया है। यही असुरक्षिता, विवशता बाबाओं की सामर्थ्य है।

विवशता दिमाग को अपाहिज करती है। फिर बाबाओं की चालाकी शुरू होती है। हाल ही में गुरुडम के नए तंत्र और विज्ञान की भुलावा देनेवाली भाषा का उपयोग ये लोग कर रहे हैं। इस अर्थ से बाबा होशियार और चालाक होते हैं। 'ज्योतिष शास्त्र का मौलिक अनुसंधान', 'बोलनेवाला पत्थर' ऐसा पन्ना भरकर विज्ञापन समाचार-पत्रों में दिया जाता है। इस पत्थर से किरणें और कंपन बाहर निकलते हैं और वे एक कवच की तरह पत्थर पास रखनेवाले की रक्षा करते हैं। फिर ब्याह पक्के हो जाते हैं, अदालत में निर्णय अपने पक्ष में होता है, नौकरी मिलती है, विदेश जाना आसान होता है आदि भ्रामक कल्पनाएँ ये चालाक

लोग विज्ञान की ओट लेकर खपाते हैं। विवश लोग इस ठगी के शिकार होते हैं।

लोग मूर्ख होते हैं यह सही है। उनके मन पर पूर्वसंस्कारों का प्रभाव होता है। बाबा लोग यह प्रभाव बनाए रखने के लिए गुरुडम के लाभदायी तत्त्वज्ञान का बड़ी चालाकी से प्रचार करते हैं। आजकल ज्योतिषी वर्ग अपने सम्मेलन आयोजित कर रहा है और ज्योतिष विज्ञान है ऐसा भी प्रचार किया जा रहा है। शायद उनकी धार्मिक यात्राएँ भी निकलेंगी।

लोगों को बेहतर जीने का विश्वास, स्त्रियों को समान अधिकार, सभी को स्वास्थ्य सेवा, इनमें परिवर्तन होने पर गुरुडम की बड़े पैमाने पर रोकथाम होगी।

कई बाबा समाज के लिए लाभदायक काम करते हैं। उनका विरोध क्यों?

मैंने चोरी करके पैसे कमाए और उन पैसों में से कुछ हिस्सा पाठशाला के बच्चों को यूनिफार्म मुफ्त मुहैया कराने के लिए दिया, तो यह कार्य नैतिक होगा? लोगों की जेब से पैसा छीनकर उससे देवालय बनानेवाले बाबा, नैतिक साबित होंगे? पैसा और स्त्रियों के लिए ही गुरुडम चलता है। बाबा पैसे नहीं लेते यह बाबाओं के भक्तों द्वारा किया भ्रामक प्रचार होता है। पैसे लेने की बाबाओं की एक विशेष यंत्रणा निजी वफादार भक्तों द्वारा चलाई जाती है। बाबा का काम जम जाए तो पैसा मिलता रहता है। फिर आश्रम बनवाना, पेड़ लगाना आदि काम शुरू किए जाते हैं। इसके लिए खर्च किया जानेवाला पैसा लोगों की जेब से ही आता है।

बाबाओं के पास लोग अपनी समस्याएँ लेकर आते हैं। किसी को लड़का चाहिए होता है। किसी को असाध्य बीमारी होती है। किसी को कोढ़ होता है। लड़का होना चिकित्साशास्त्र की दृष्टि से सम्भव नहीं, कैंसर ठीक होनेवाला नहीं होता, कोढ़ नष्ट होनेवाला नहीं होता तो भी बाबा इन सभी समस्याओं को हल करने का भक्तों को आश्वासन देते हैं। समस्या का हल न होते हुए भी हल करने का दावा करना अनैतिक है। इसी कारण लोगों में दैववादी प्रवृत्ति बढ़ती है और समस्याओं को हल करने की बुद्धि को गिरवी रखा जाता है।

आप उपर्युक्त विवेचन से यह समझ सकेंगे की बाबा दो तरह से अनैतिक काम करते हैं। पैसा और स्त्रियों का शोषण तथा दैववाद का प्रचार।

यदि ऐसा न करनेवाला बाबा होगा तो उसके प्रति हमारा विरोध नहीं है। लेकिन अनैतिक मार्ग से नैतिक सामाजिक-जीवन का निर्माण करना न उचित है और न सम्भव।

हमारी असाधारण बीमारियाँ बाबा ने पूरी तरह से ठीक कर दीं, ऐसा बतानेवाले लोग दिखाई देते हैं। यह कैसे सम्भव है?

मनुष्य के शरीर में भिन्न-भिन्न अवयवों में होनेवाली बीमारियाँ दो प्रकार की हो सकती हैं। पहला प्रकार, विशिष्ट अवयव ठीक होने पर भी क्रिया ठीक से न होना। इसे क्रिया विषयक विकार कहते हैं। दूसरा प्रकार, अवयव खराब होकर क्रिया बिगड़ना। इसे स्वरूप विषयक विकार कहते हैं।

दुख के आघात से मनुष्य अचानक गूंगा बनता है। मन पर हुए आघात से मनुष्य लूला हो सकता है। भय से अचानक डायरिया होता है। पाठशाला में जाने की इच्छा नहीं होती किन्तु पिता डाँटकर पाठशाला में भेज रहे हों तो बच्चे के पेट में दर्द होने लगता है। इस प्रकार की बीमारियाँ क्रिया विषयक बीमारियाँ हैं। इस प्रकार की बीमारियाँ सम्मोहन से ठीक हो सकती हैं। बाबा लोग सम्मोहन कौशल का प्रयोग कर ऐसी बीमारियाँ ठीक कर सकते हैं।

पेड़ के नीचे से अँधेरे में गुजरते वक्त एकाध व्यक्ति को भूत-प्रेत की बाधा होती है तो इस व्यक्ति को भय के कारण पसीना छूटना, घिग्घी बँध जाना, आँखें घूमना ऐसे बीमारी के असर दिखाई देते हैं। ऐसे व्यक्ति के बाबा के पास जाने पर बाबा उस व्यक्ति के शरीर में से भूत निकालने की क्रिया करते समय 'मैंने तुम्हारे शरीर से भूत को निकाल दिया' ऐसी सूचना देता है। इस सूचना के परिणाम के तौर पर भय खत्म हो जाता है और वह व्यक्ति ठीक हो सकता है।

लेकिन गम्भीर मानसिक बीमारी बाबा ठीक नहीं कर सकते हैं। अपेंडिक्स, ब्रेन टयूमर, कैंसर, कोढ़ जैसी शारीरिक बीमारियों पर बाबा कुछ भी नहीं कर सकते।

जो लोग 'बाबा ने हमारी बीमारी ठीक कर दी' ऐसा बताते हैं, उनकी बीमारी क्रिया विषयक होती है। स्वरूप विषयक नहीं होती है।

सभी प्रकार की बीमारियाँ कोई खास बाबा निश्चित रूप से ठीक करता है; ऐसा किसी का दावा होगा तो उसकी जाँच करने को अंधविश्वास निर्मूलन समिति की तैयारी है। इन दावों की जाँच किसी ने भी की नहीं होती है; यही अनुभव है।

खुलेआम फरेब करनेवाले बाबाओं पर पुलिस कार्रवाई क्यों नहीं करती?

इसमें प्रमुखता से कानून की समस्या आ जाती है। जिनके साथ फरेब होता है उन्हें पुलिस के पास जाकर शिकायत करनी चाहिए। लेकिन धोखा खानेवाले व्यक्ति आमतौर पर ऐसा नहीं करते हैं। एक तो स्वयं धोखा खा गए इस बात को दूसरे को बताने में धोखा खाए व्यक्ति को कमी महसूस होती है और शिकायत करने पर अदालत की झंझट पीछे लगेगी यह बात पसन्द नहीं आती। लेकिन धोखा खानेवाले की शिकायत नहीं होगी तो प्रचलित कानून से पुलिस कार्रवाई नहीं कर सकती। वाघमारे बाबा ने जिन पचास-साठ स्त्रियों को फँसाया था, उनमें से कोई भी अदालत के सामने नहीं आई। इसी कारण वाघमारे को सजा मिलना मुश्किल हो गया।

आजकल लोगों के धार्मिक जज्बात बहुत नुकीले बन गए हैं। खुलेआम फरेब करनेवाली मंडली पर पुलिस कार्रवाई हेतु अंधविश्वास निर्मूलन समिति या अन्य कार्यकताओं द्वारा दबाव डालने पर धार्मिक तनाव बढ़ेगा, इस कारण पुलिस कार्रवाई टालती है। सातारा जिले के कटगूण के दरगाह में मोहर्रम के दिन दुआ का रिवाज चलता है। दुआ लेने पर साल भर में साँप, बिच्छू के काटने पर भी उनका जहर दुआ लेनेवाले को नुकसान नहीं पहुँचा सकता ऐसा प्रचार किया जाता है। यह तो खुलेआम फरेब है। इस संदर्भ में सातारा पुलिस कार्रवाई करे ऐसा सातारा अंधविश्वास निर्मूलन समिति ने आग्रह किया। इस पर मुस्लिमों की भावनाओं को ठेस पहुँचेगी, ऐसी दलील देकर पुलिस ने कार्रवाई टाल दी।

कानूनन गिरफ्तार करने की या गुरुडम रोकने की पुलिस की प्रामाणिक इच्छा होगी तो बाबा को पुलिस गिरफ्तार कर सकती है। इसके कुछ उदाहरण भी हैं। लेकिन पैसेवाले बाबा और साधु दबाव डालना या रिश्वत देना इस तरीके का

उपयोग करते हैं। इसी कारण कई बार पुलिस कार्रवाई नहीं होती है।

पुलिस वर्ग में गुरुडम शुरू रहे ऐसा माननेवालों का एक गुट होता है। उक्त गुट गुरुडम को सुरक्षा देता है।

कानून में होनेवाली कमियाँ दूर हों और बाबाओं पर पुलिस कार्रवाई करना आसान हो, इसके लिए अंधविश्वास निर्मूलन समिति के प्रयास जारी हैं। इस तरह का कानून बने इसके लिए अंधविश्वास निर्मूलन समिति आन्दोलन खड़ा कर रही है।

गुरुडम की शिकार प्राय: स्त्रियाँ ही क्यों होती हैं?

बाबा को लगता है कि स्त्री उपभोग की वस्तु है। उसका उपभोग कर लेना यह उचित आकांक्षा है। उधर दूसरों के विचारों पर विश्वास रखने की स्त्रियों की स्वाभाविक दुर्बलता गुरुडम का शिकार होने के लिए पोषक बनती है।

बच्चा न होना, लड़कियाँ ही होना और लड़का न होना, विवाह के बाद तुरन्त पति की आकस्मिक मृत्यु होना, इसके लिए स्त्रियों को ही जिम्मेदार ठहराया जाता है। सास, पति, ननद आदि द्वारा ताने कसने से उक्त स्त्री घुटन की शिकार होती है। दैवी उपायों से संतान हो सकती है ऐसी श्रद्धा पूर्वसंस्कारों से ही इन स्त्रियों को प्राप्त होती है। स्वाभाविकत: ऐसी स्त्री गुरुडम रूपी अजगर की चपेट में आसानी से आती है।

लैंगिक अतृप्ति भी इसका एक महत्त्वपूर्ण कारण है। समाज स्वीकृत पद्धति से कामवासना की पूर्ति न हो तो ऐसी स्त्रियाँ बाबाओं की ओर आकर्षित होती हैं। साठ स्त्रियों को फँसाने वाले बाबा की एजेंट स्त्री भी अतृप्त कामवासना की शिकार थी। उसके पति को दमे की बीमारी थी। उसके इलाज की खोज में वह वाघमारे बाबा के पास जा पहुँची और उसके फरेब का शिकार बन गई।

स्त्रियाँ गुरुडम की शिकार न बन पाएँ इसके लिए उन्हें शिक्षा देनी होगी। विशेषत: देहातों में स्त्री शिक्षा का प्रसार अधिक गति से होना चाहिए। उसी के साथ एक स्वतंत्र व्यक्ति के तौर पर समाज में स्त्री सशक्त रूप से खड़ी रह पाए इस पर ध्यान देना होगा।

आज के अस्थिर सामाजिक-जीवन में बाबा, साधु लोग समाज की मानसिक जरूरत को पूरा करते हैं। आपके पास विकल्प नहीं है तो उन पर आगबबूला क्यों होते हैं?

बाबा दो बातें करने का दावा करते हैं। वे मुश्किलों में घिरे अपने भक्तों को धीरज देते हैं। भक्तों की समस्याओं का समाधान करते हैं।

'मेरी शरण में आ जाओ; मेरी खिदमत करो, आपकी समस्याओं का समाधान होगा' ऐसा बतानेवाले बाबा, लोगों की समस्याओं का हल करते हैं? इस प्रश्न का उत्तर 'नहीं' ही देना होगा।

सातारा जिले के उडतारे गाँव में प्रतिज्ञानंद महाराज ने एक किसान को 'मैं तुम्हारा कोढ़ ठीक करता हूँ' ऐसा बताकर उसकी जमीन आश्रम के लिए दानपत्र के रूप में हड़प ली। लेकिन किसान का कोढ़ ठीक नहीं हुआ।

केडगाँव के नारायण महाराज ने कल्याण के अमीर व्यापारी को पत्नी के साथ रहने को बुलाया। उसे पुत्र चाहिए था। उसने व्यापारी की पत्नी के साथ सम्बन्ध रखकर उसे पुत्र दे दिया। किन्तु स्त्री का उपभोग कर लेने में उसके पति की दिक्कत को देख उसे कानडी गुंडों के माध्यम से नदी में डुबोकर मार दिया। इस भयावह घटना का वर्णन आचार्य अत्रे की पुस्तक में विस्तार से मिलता है।

समस्याएँ हल न हों तो कोरा मानसिक धीरज किसलिए? मूलत: साहस, आत्मविश्वास और वैज्ञानिक दृष्टि के जरिये समस्याओं की जड़ तक पहुँचने की वृत्ति का विकसित होना जरूरी है। लेकिन ऐसे विकास के लिए गुरुडम मारक साबित होता है। चूँकि बाबा लोगों को विवश, निर्बुद्ध रखने की प्रक्रिया बढ़ाते हैं। बैसाखियों का सहारा मजबूत करते हैं।

बैसाखियों को निकाल फेंकने पर व्यक्ति पूरी ताकत के साथ आत्मनिर्भर बन सकता है। 'श्याम की माँ' इस साने गुरुजी की पुस्तक में श्याम को कुएँ में तैरना सिखाने का प्रसंग है। कुएँ में छोड़ने पर श्याम चिल्लाता है। आधार निकाल लेने पर छटपटाता है मगर इससे वह हाथ-पैर हिलाने लगता है और तैरना सीखता है। उसका डर निकल जाता है।

बाबा लोग डर बढ़ाते हैं। अज्ञान बढ़ाते रहते हैं। झूठी कल्पनाओं से दैववाद का प्रचार करते हैं। बाबा भूत बाधा निकालते हैं उसी प्रकार भूत बाधा करते भी हैं। इसलिए समस्याओं के हल हेतु बाबाओं के पास जाना धोखादायक है, इसे हमें समझना होगा।

बाबा धीरज देते हैं—बाबाओं के अलावा धीरज देनेवाले विकल्प सामाजिक कार्यकताओं द्वारा निर्माण करने चाहिए। ऐसे विकल्प देने का प्रयास महाराष्ट्र में अंधश्रद्धा निर्मूलन समिति शुरू कर रही है।

शुरुआत किए बगैर रास्ता कैसे मिलेगा? नये विचारों की दिशा विकल्प की राहें निर्माण कर देती है।

सम्मोहन

प्राचीन ग्रंथों में वर्णित मोहिनी विद्या या वशीकरण विद्या ही सम्मोहन है?

प्राचीन ग्रंथों में वर्णित मोहिनी या वशीकरण विद्या एक कल्पना विलास है। इसमें कोई तथ्य नहीं है। मनचाहे व्यक्ति पर अपना प्रभाव जम जाए, वह अपनी सूचना के अनुसार वर्तन करे ऐसा प्रतीत होना स्वाभाविक था (है)। सुन्दर स्त्री, दुश्मन के गुट की जानकारी प्राप्त कराने के लिए कारगर साबित होनेवाले व्यक्ति आदि को अपने प्रभाव में लाने की तथाकथित शक्ति को मोहिनी या वशीकरण विद्या नाम दिया गया। उसके लिए किए जानेवाले कई इलाज भी प्राचीन ग्रंथों में वर्णित हैं। जबकि वे पूरी तरह से मिथ्या हैं, उनके यथार्थ का कोई आधार नहीं है। उदाहरणार्थ, 'छिपकली को पकड़कर, स्वयं के शरीर के पूरे वस्त्र उतारकर छिपकली के दो टुकड़े किए जाएँ। छिपकली की पूँछ का टुकड़ा कुछ पल हलचल करता है। उसके साथ नग्नावस्था में खुद भी उछलकूद करते रहना, हलचल की गति के समान खुद के उछलकूद की गति कम-अधिक करते रहना। पूँछ की हलचल रुकने पर उसे जला देना। उसकी राख का काजल बनाकर उसे आँखों में डालना। जिस स्त्री को वश में करना है उसके पीछे की तरफ से उसकी गर्दन के नीचे टकटकी लगाकर देखते हुए उसके पीछे-पीछे चलना, उस स्त्री ने यदि पीछे मुड़कर देखा तो वह निश्चित रूप से वश हुई ऐसा समझना' इस प्रकार के ये इलाज होते हैं।

सम्मोहन इस मानसिक प्रक्रिया की आधुनिक प्रस्तुति का पहला प्रयास अठारहवीं सदीं में पहली बार मेस्मर ने किया। किन्तु वह भी काफी रहस्यमयी

स्वरूप का था। उसके बाद ब्राइड चारकॉट ने उसके रहस्य को हटाकर उसमें स्थित वैज्ञानिक सचाई ढूँढ़ने का कार्य किया। फ्रॉइड बर्नहैम, जेनेट फ्रॉइड ऐसे कई ख्यातिलब्ध मनोवैज्ञानिकों ने भी अनुसंधान किया। 1930 के बाद अमेरिका में ईरकिसन ने चिकित्सा विज्ञान में उसका प्रयोग किया। सम्मोहन की दशा और सम्मोहन का वर्णन हर समाज में, हर काल में दिखाई देता है मगर उसका वैज्ञानिक विचार आधुनिक है।

सम्मोहनकर्ता में कोई दैवी शक्ति होती है?

सम्मोहनकर्ता में कोई भी दैवी शक्ति नहीं होती है। (वैसे वह अन्य किसी को भी प्राप्त नहीं होती है, चूँकि दैवी शक्ति इस नाम की गूढ़ शक्ति अस्तित्व में ही नहीं है।) हमारे समाज में लोग सम्मोहन का सम्बन्ध परम्परागत कल्पना की तथाकथित वशीकरण विद्या से जोड़ते हैं। जो अस्तित्व में न होनेवाली वशीकरण विद्या को मानते हैं, वे इसे गूढ़ या दैवी शक्ति मानते हैं। फिर स्वाभाविक ही उसकी अभिव्यक्ति जो सम्मोहक करता है, उसे कोई ईश्वरीय शक्ति प्राप्त है ऐसा माना जाता है।

सम्मोहित अवस्था में होनेवाला व्यक्ति सम्मोहनकर्ता के कई आदेश स्वीकारता है। जाग्रत् अवस्था में वह व्यक्ति जिन बातों को करने में हिचकिचाएगा, शर्माएगा वे बातें वह आसानी से करता है। जैसे, गीत गाना, भाषण देना, नाचना, जूडो खेलना, टीशर्ट उलटी पहनना, आदि। ये बातें जिस सम्मोहनकर्ता के आदेश से की जाती हैं उनमें कुछ तो दैवी शक्ति हुए बगैर कैसे सम्भव हैं, इसे देखनेवालों के मन में ऐसा प्रश्न उपस्थित होता है।

यह प्रश्न लोगों के मन में इसलिए आता है क्योंकि सम्मोहन—इस मन की विशेष दशा के बारे में उन्हें कोई भी जानकारी नहीं होती है। सम्मोहन दशा का विशेष लक्षण यही होता है कि सम्मोहित होनेवाला व्यक्ति स्वयं सम्मोहन निद्रा में जाता है और उस दशा में वह औरों को या खुद को भी अन्य समय पर संकोच लगने वाली सूचनाओं का पालन करता है। क्योंकि सम्मोहित दशा में उस व्यक्ति का सूचनावर्तित्व बढ़ जाता है और उसे सम्मोहक की सूचनाओं से

जोड़ा गया होता है। सिवाय मन की चिकित्सक बुद्धि (उचित और अनुचित का विवेक) के, यह एक सीमा तक अवरुद्ध होती है। यह मन के विशेष गुणधर्म से होनेवाली यथार्थ स्थिति का विचार न करते हुए सम्मोहक की दैवी शक्ति से घटित होता है ऐसा कहना भ्रम होता है। किसी की भी आवाज में दी गई सूचना, प्रत्यक्ष या टेप रेकॉर्डर से, ठीक ढंग से सुनने या अनुकरण करने पर सम्मोहित होने की चाह रखनेवाली व्यक्ति सम्मोहित होता है, तो स्वयं ही स्वयं को सूचना देकर भी व्यक्ति इसे कर सकता है। इससे यह स्पष्ट होता है कि सम्मोहक के पास कोई दैवी शक्ति नहीं होती है।

सम्मोहन करनेवाली व्यक्ति की आँखों में कोई विशेष शक्ति होती है?

व्यक्ति को सम्मोहित करने की कई पद्धतियाँ हैं। उनमें से एक पद्धति को व्यक्ति को सम्मोहनकर्ता की आँखों में टकटकी लगाकर देखने को कहा जाता है और उसी समय सूचना देना भी शुरू किया जाता है। इसी के संयुक्त असर से व्यक्ति सम्मोहित दशा में आ जाता है। कुछ समय सिर्फ सम्मोहनकर्ता की आँखों में टकटकी लगाकर देखने के बाद उस व्यक्ति द्वारा सूचना का पालन करने पर कुछ समय के बाद वह अपने आप सम्मोहित होता है। यह सम्मोहनकर्ता की आँखों की विशेष शक्ति का प्रभाव नहीं होता। ऐसी विशेष शक्ति किसी की भी आँखों में नहीं होती है। टकटकी लगाकर देखने से आँखें थक जाती हैं और अपने आप मिट जाती हैं। मनुष्य की किसी भी ज्ञानेंद्रिय का निरन्तर उपयोग कर थकाने पर उस व्यक्ति के सम्मोहन की दशा में जाने की सम्भावना होती है। निरन्तर एक ही प्रकार की आवाज कानों पर पड़ने के कारण भी व्यक्ति के सम्मोहन की दशा में जाने की सम्भावना होती है। निरन्तर लंबे समय तक शरीर में देवी-देवता संचारित होने की क्रिया व्यक्ति को सम्मोहित करने में लाभदायक होती है। सम्मोहनकर्ता की विशेष शक्ति का सम्मोहन से कोई सम्बन्ध नहीं होता है। कारण, ऐसी शक्ति के मौजूद ही न होने के कारण उसके किसी में स्थित होने का प्रश्न ही नहीं है।

सम्मोहन से प्रभावित व्यक्ति सम्मोहनकर्ता के आदेश मानता है; इसे हमने प्रत्यक्ष मंच पर देखा है। यह कैसे घटित होता है?

सम्मोहन कैसे घटित होता है इसे समझने के लिए पहले सम्मोहन क्या है, इसे समझ लेना आवश्यक है।

नींद, सपना, तंद्रा, बेहोशी इन विभिन्न मनोदशाओं के समान ही सम्मोहन एक मनोदशा है। अपनी जाग्रत् अवस्था को हम दो हिस्सों में विभाजित कर सकते हैं। एक केन्द्रित जागृति और दूसरी बाह्य जागृति। (यानी आसपास की परिस्थिति का सामान्य एहसास)। सम्मोहन दशा में बाह्य जागृति नींद के स्तर पर होती है। किन्तु केन्द्रित एहसास (जो नींद की दशा में शून्यवत होता है) सम्मोहन दशा में बढ़ा होता है; वह अधिक से अधिक तीव्र होता है और सम्मोहक की (सम्मोहनकर्ता व्यक्ति) सूचनाओं से जुड़ा होता है।

झट से सम्मोहित होने के लिए मंच पर गया हर व्यक्ति सम्मोहित होता है ऐसा नहीं किन्तु सम्मोहनकर्ता (हिप्नॉटिस्ट) की सूचना जो व्यक्ति तुरन्त स्वीकारते हैं वे व्यक्ति पहले ही मन में सम्मोहनकर्ता के आदेश सुनने की बात कबूल करते हैं और उसके पश्चात् आदेश मिलने के बाद के दृश्य हमें मंच पर दिखाई देते हैं। सम्मोहित होने की सम्मोहनकर्ता की सूचना सुननी ही नहीं ऐसा जो व्यक्ति ठान लेगा वह सम्मोहित हो नहीं सकता, फिर सूचनाओं को सुनने का प्रश्न ही नहीं आता है। सम्मोहित होने के बाद भी जो आदेश सुने जाते हैं, वे निरर्थक और बेहूदा होते हैं। जैसे, 'मच्छर काट रहे हैं उन्हें मारो' कहने पर सम्मोहित व्यक्ति शरीर पर चपत मारकर मच्छर मारने लगता है। 'भांगड़ा नृत्य करो' कहने पर उस व्यक्ति ने जो भांगड़ा नृत्य देखा होगा, उसी प्रकार हाव-भाव करने का प्रयास करता है। तैरने को कहने पर जमीन पर वह उलटा लेटकर तैरने लगता है। जाग्रत् अवस्था में व्यक्ति ऐसा नहीं करेगा क्योंकि उसकी निरर्थकता (मच्छर न होने पर भी मच्छर को मारना) या हास्यास्पद दशा (पानी समझकर जमीन पर तैरना) उसे मालूम होती है। किन्तु सम्मोहित दशा में सम्मोहनकर्ता के आदेश के अनुसार कार्य करने की सूचना उसके स्वयं स्वीकारने के कारण वह इन बातों को करता है। इसमें

स्थित खोखलापन वह समझ नहीं पाता, इसी कारण सम्मोहन दशा में अपनी चिकित्सक वृत्ति लुप्त होती है।

सम्मोहित व्यक्ति कुछ दिनों के पश्चात् भी सम्मोहन के आदेश अपने आप ही मानता है, इसे हमने देखा है। ऐसा घटित होना सम्भव है?

व्यक्ति जिस समय गहरी सम्मोहन दशा में होता है उस वक्त उसे सूचना दी गई होती है। उसमें से कुछ सूचनाओं की कार्यान्विति सम्मोहन निद्रा कम होने के बाद निश्चित काल में करनी होती है। या कुछ सूचनाओं का असर कुछ समय बाद दिखाई देनेवाला होता है। सूचना प्रभावी ढंग से पहुँचने पर यह घटित होता है। इस बात को समझने के लिए दो उदाहरण देखते हैं। यदि रात को देर तक नींद न आनेवाले व्यक्ति को सम्मोहित दशा में ऐसी सूचना दी गई कि 'हर दिन रात को दस बजते ही या घड़ी में दस बजा देखते ही तुम्हें तुरन्त गहरी नींद आएगी' और उक्त सूचना सम्बन्धित व्यक्ति ने स्वीकार की होगी तो हर रोज रात के दस बजने पर या घड़ी में दस बजे का समय देखने पर उसका शरीर इस सूचना के अनुसार कार्य करना शुरू कर देगा। सम्बन्धित व्यक्ति को जँभाई आने लगेगी।

यदि सम्मोहन निद्रा में यह सूचना दे दी कि 'उठने के बाद पन्द्रह मिनट में आप गिलास भर पानी पीने के लिए लोगे। उसमें से दो घूँट मुँह में डालकर शेष पानी फेंक दोगे' तो वह व्यक्ति सम्मोहन से जाग्रत् होने पर पूरी तरह से पूर्ववत् नॉर्मल बर्ताव करेगा किन्तु वह पन्द्रह मिनटों के बाद गिलास भर पानी माँगेगा। उसमें से दो घूँट ही पीकर शेष फेंक देगा। मजाक की बात यह कि 'तुमने ऐसा क्यों किया?' ऐसा सम्बन्धित व्यक्ति से पूछने पर 'मुझे ऐसी सूचना दी गई थी' इसे वह बिलकुल नहीं बताएगा। (कारण, सम्बन्धित व्यक्ति को वह उस स्वरूप में याद नहीं होती है। इसके विपरीत, वह व्यक्ति अपनी बुद्धि से तत्काल उचित कुछ तो सफाई देने का प्रयास करेगा कि पानी नीरस था, गंदा था आदि।)

घड़ी या तत्सम अन्य साधनों की सहायता के बिना काल मापन उचित ढंग से कर सकते हैं, यह सम्मोहन दशा में सूचना स्वीकारने वाले मन का एक असर है। उतने समय के बाद उक्त सूचना प्रकट मन तक पहुँचकर कार्यान्वित

होती है। सूचना देने के तुरन्त बाद ही फलाने व्यक्ति से इतने मिनटों, घंटों, दिनों, महीनों के बाद आप कोई खास बात करेंगे ऐसी दी हुई सूचना निश्चित रूप से उतने ही समय के बाद ही कार्यान्वित होती है। मतलब, जो सूचना सिर्फ एक बार ही कार्यान्वित करनी होती है। (उदाहरण, गिलास भरके पानी लेना और दो घूँट लेकर शेष पानी फेंक देना।) उसका कार्यान्वित होना आसानी से सम्भव होता है। दस बजते ही नींद आने के लिए उक्त सूचना स्वीकारने पर भी उसकी निरन्तरता और असर कायम रखने के लिए सम्बन्धित व्यक्ति को सम्मोहन में जाकर खुद को रोज उक्त सूचना देते रहना चाहिए। वरना गहरी सम्मोहन दशा में स्वीकार की हुई सूचनाओं का असर क्रमश: कम होता जाता है। (इस स्वरूप की सूचना देते समय उसके साथ बरतने वाली सावधानी को भी बताना होता है। उदाहरण, ऐसे व्यक्ति को रात के दस बजे स्वयं सवारी न चलाने की या रास्ते पर न चलने की सावधानी बरतनी होगी। नहीं तो उसी स्थान पर आँखों में नींद आकर दुर्घटना होने की सम्भावना बढ़ेगी।)

मगर सम्मोहित दशा से प्रभावित सभी व्यक्ति इस प्रकार की (बाद में करनेवाली) सूचनाओं का स्वीकार नहीं करते। उसी प्रकार जो व्यक्ति सूचना स्वीकारते हैं उन्हें भी उसकी प्रभावशाली कार्यान्विति के लिए सम्मोहन के कई सेशन्स में इन सूचनाओं को बार-बार दोहराने की आवश्यकता होती है।

सम्मोहन से प्रभावित एकाध व्यक्ति से चोरी करवाना सम्भव है?

जिस व्यक्ति ने पूर्व जीवन में कभी भी चोरी नहीं की है या चोरी करना पाप है ऐसा दृढ़ विचार जिस व्यक्ति का है, उस व्यक्ति से सम्मोहित दशा में चोरी करा लेना असम्भव है। सम्मोहित दशा में व्यक्ति स्वयं को गलत प्रतीत होनेवाली सूचना स्वीकार नहीं करता है। उक्त सूचना मिलने पर एक तो सम्मोहन दशा से वह जाग्रत् अवस्था में आता है या उसी दशा में रहकर उस विशेष सूचना की तरह बर्ताव करने को नकार देता है।

लेकिन कोई चोर है तो उसे सम्मोहन दशा में ले जाने के बाद चोरी करने की सूचना देने पर वह उस सूचना को स्वीकार करेगा। कारण, चोरी करना गलत

है ऐसा उसे प्रतीत नहीं होता है। (किन्तु इसका मतलब यह कि चोरी कराने के लिए उसे सम्मोहन दशा में ले जाने की भी जरूरत नहीं। जाग्रत् अवस्था में भी वह बेहिचक, न घबराते हुए चोरी करेगा। वही कार्य वह सम्मोहन दशा में कर सकेगा, इतना ही।) सम्मोहन के प्रभाव में आकर वह उक्त बुरा काम करने को तैयार हुआ, ऐसा उसका मतलब नहीं।

समाचार-पत्रों में व्यक्ति विशेषत: पाठशाला के बच्चों ने एकाध व्यक्ति की ओर देखा और वे सम्मोहित हुए, दो-तीन दिनों के बाद किसी अन्य स्थान पर दिखाई दिए ऐसे समाचार बीच-बीच में पढ़ने में आते हैं, इसमें क्या तथ्य है?

इस समाचार का तथ्य इतना ही है कि वह पूर्णत: झूठी बात है। सम्मोहित होनेवाले व्यक्ति के सहयोग के बिना वह व्यक्ति सम्मोहन की दशा में नहीं जा सकता। रास्ते का एकाध व्यक्ति या पाठशाला का बच्चा सम्मोहित करनेवाले व्यक्ति को सहयोग दे यह बात सम्भव नहीं। बल्कि वह विरोध ही करेगा। ऐसी स्थिति में उस व्यक्ति के केवल टकटकी लगाकर देखने से ही सम्बन्धित व्यक्ति या पाठशाला के बच्चे सम्मोहित हों, यह असम्भव ही है। दूसरी बात यह कि पाठशाला के बच्चों ने उनकी सहायता कर दी, फिर भी उन्हें सम्मोहित करना कठिन होता है। क्योंकि सम्मोहित होने के लिए सम्मोहनकर्ता की सूचना से खुद को सावधानी से जोड़ लेना आवश्यक होता है। ऐसी तल्लीनता पाठशाला के बच्चों में दिखाई नहीं देती है इसलिए उनका सम्मोहित होना कठिन होता है। पागल मनुष्य में ऐसी तल्लीनता बिलकुल नहीं होती है। वे अपने विचारों में मशगूल रहते हैं। एकाध सूचना की ओर ध्यान देने का उनका नियत काल इतना कम होता है कि सम्मोहित होने के लिए जरूरी मानसिक तादात्म्य भी उनमें नहीं होता है। इसी कारण वे बिलकुल सम्मोहित नहीं हो सकते हैं।

इसका मतलब यह कि सम्मोहित होने वाला पाठशाला का लड़का-लड़की या प्रौढ़ एकाध व्यक्ति ऐसे समाचार हम पढ़ते हैं। उस वक्त अपनी दो-तीन दिनों की गैरमौजूदगी की सफाई देना उचित और सम्भव न होने के कारण जो लोगों

को उचित प्रतीत हो ऐसा कुछ तो कारण देने के लिए सम्बन्धित व्यक्ति ऐसी तरकीब खोजता है। अधिकांश लोगों का इन पर विश्वास होने के कारण उक्त बात बताने पर (और उस समय का कुछ याद नहीं ऐसी बात जोड़ने पर) दो-तीन दिनों के गैरमौजूदगी का पूरा तफसील देने की जिम्मेदारी अपने आप टल जाती है।

और भी कुछ बातें समझ लेनी होंगी। सम्मोहनकर्ता के किसी भी व्यक्ति या बच्चे की आँखों में टकटकी लगाकर देखने पर सम्बन्धित व्यक्ति कभी भी सम्मोहित नहीं होता है। उसे विशेष सूचना देनी पड़ती है। सम्मोहन दशा कभी भी दो-तीन दिन तक बनी नहीं रहती। व्यक्ति बहुत जल्दी जाग्रत् होता है या सम्मोहन दशा से स्वाभाविक दशा में आता है और नींद खत्म होने पर जाग्रत् होता है। एक प्रकार की मानसिक बीमारी में व्यक्ति (Dissociated State of Mind) दो-तीन दिन इस प्रकार झुंझलाकर पहले के संदर्भ भूलकर बर्ताव करने लगता है, लेकिन वह बीमारी है, सम्मोहन दशा नहीं।

सम्मोहन से एकाध स्त्री को अनैतिक कार्य करने हेतु फँसाया जा सकता है?

यह कतई सम्भव नहीं। सम्मोहन प्रभावी ढंग से करनेवाले (विशेषत: उनके मंचीय प्रयोग) सम्मोहनकर्ताओं के बारे में एक गलतफहमी निरन्तर दिखाई देती है कि वे स्त्रियों को आसानी से सम्मोहित कर धोखा दे सकते हैं। इसी की ही आगे की कड़ी यह है कि सम्मोहन विद्या सीखकर उसका इस्तेमाल स्त्रियों को धोखा देकर अनैतिक कार्य हेतु किया जा सकेगा और समाजविरोधी लोग ऐसा करेंगे, यह डर भी व्यक्त किया जाता है। ऐसा सम्मोहन के अज्ञान के कारण प्रतीत होता है। इस संदर्भ में दो महत्त्वपूर्ण बातों पर गौर करना होगा। पहली, उस व्यक्ति की स्वयं की इच्छा न होने पर किसी भी व्यक्ति को कभी भी सम्मोहित नहीं किया जा सकता। तब एकाध सम्मोहनकर्ता द्वारा उसके सामने स्थित कोई भी स्त्री सम्मोहित होगी यह बात असम्भव है। सम्मोहनकर्ता के बारे में आश्वस्त हुए बगैर स्त्री सम्मोहित नहीं होगी।

यदि सम्मोहनकर्ता पर अधिक विश्वास रखकर एकाध स्त्री सम्मोहित हो

गई तो बाद में उसे उसी प्रभाव में अनैतिक कार्य के लिए तैयार कर सकेंगे क्या? इसका उत्तर भी साफ तौर पर 'नहीं' है। ऐसी सम्मोहित स्त्री को शरीर पर के वस्त्र उतारने की सूचना देने पर उसकी सम्मोहन दशा सम्भवत: भंग होगी। सम्मोहन की दशा खंडित न होने पर भी वह इस सूचना को स्वीकार करने को साफ नकार देगी। उसके साथ छेड़खानी शुरू हो रही है ऐसा प्रतीत होने पर, वह कितनी भी गहरी सम्मोहन दशा में होगी तो भी जाग्रत् हो जाएगी। इसका कारण यह कि खुद के विचार-नैतिकता के विरोध में कोई भी बात व्यक्ति सम्मोहित दशा में नहीं करता है। ऐसी बात करने को सम्मोहित व्यक्ति नकार देगा या उसकी सम्मोहन दशा खंडित हो जाएगी। अर्थात् नैतिकता की मान्यताएँ स्थल, काल, व्यक्ति सापेक्ष होती हैं। एकाध कैब्रे डान्सर को सम्मोहन की दशा में वस्त्र उतारने की सूचना देने पर वह उसका आसानी से पालन करेगी, क्योंकि जाग्रत् अवस्था में भी ऐसा करना उसे गलत नहीं लगता।

क्या सम्मोहन से बीमारी ठीक होती है? कौन-सी? इस सम्बन्ध में कौन-सी सावधानी बरतनी चाहिए?

मनुष्य की बीमारियाँ आम तौर पर तीन प्रकार की दिखाई देती हैं—पूर्ण मानसिक (पागल होना), पूर्ण शारीरिक (विषम ज्वर) और कुछ मानसिक और कुछ शारीरिक (रक्तचाप) बीमारियाँ। इनमें से मानसिक बीमारी या जिस बीमारी में शरीर के साथ कुछ अंश मानसिक है, सम्मोहन लाभदायी साबित हो सकता है।

एकाध दुर्घटना या खून देखकर व्यक्ति अचानक गूँगा बन जाता है। जबकि स्वरयंत्र और शेष सभी ठीक-ठाक होता है। ऐसी व्यक्ति को सम्मोहन की दशा में ले जाकर उसका डर दूर किया जाता है। स्वयं के दुख दूर करने की उचित राह दिखाने से उस व्यक्ति का गूंगापन दूर किया जा सकता है। कुछ व्यक्तियों में तोतलापन होता है, जबकि शब्दों का उच्चारण करनेवाली इन्द्रिय में कोई दोष नहीं होता है। यह दोष सम्मोहन की दशा में व्यक्ति को उचित सूचना देकर कम कर सकते हैं या दूर कर सकते हैं। लेकिन किस मानसिक आघात से व्यक्ति तुतलाने लगा है; इसे समझने के लिए उसके व्यक्तित्व को पहले गहराई से समझना पड़ेगा

और उसी आधार पर उसे दी जानेवाली सूचनाओं को तय करना होगा। किन्तु दुर्घटना देखकर गूंगे बने व्यक्ति के बारे में निश्चित कारण मालूम होने पर सूचना तय करना अधिक आसान होता है। दाँत निकालना, छोटी चिकित्सा, ऑपरेशन, वेदनारहित प्रसव, इसके लिए सम्मोहन का उपयोग हो सकता है। मगर इस बारे में सम्मोहनकर्ता को सम्बन्धित विषयों के जानकारी की भी आवश्यकता होती है। वेदनारहित प्रसव होने की सूचना जिस समय सम्बन्धित स्त्री स्वीकारती है उस समय उसे अन्य स्त्री के समान प्रसव पीड़ा नहीं होती। किन्तु उसका प्रसव स्वाभाविक रूप से ही हो जाएगा, यह विश्वास सम्मोहनकर्ता को होना चाहिए। प्रसव असुविधाजनक होने पर गर्भाशय आकुंचित होगा मगर वेदना महसूस नहीं होगी और प्रसव भी नहीं होगा। गर्भाशय का आकुंचन बढ़कर अंत में वह फटेगा और स्त्री की जान को खतरा होगा। इस कारण प्रसव स्वाभाविक ही होगा, यह जानकारी प्रसूतितज्ञ से पहले ही कर लेना होगा।

इसलिए किस प्रसंग में किस प्रकार के सम्मोहन का प्रयोग करना है इसका उचित विवेक होना चाहिए। सम्बन्धित तज्ञों की सहायता लेनी चाहिए। सम्मोहन सीखना काफी आसान होता है; किन्तु उसका बीमारी में प्रयोग करने के लिए अधिक तजुर्बा और प्रशिक्षा जरूरी होती है; इस पर गौर करना आवश्यक है।

क्या सम्मोहन से बुद्धि, स्मरणशक्ति बढ़ती है?

सम्मोहन से बुद्धि या स्मरणशक्ति नहीं बढ़ती। उसमें सामान्यत: अधिक परिवर्तन नहीं होता। प्राप्त क्षमता का व्यक्ति पूरी तरह से लाभ नहीं उठाता; इसके कई कारण होते हैं। मन के भावों का एकरूप न होना यह एक महत्त्वपूर्ण कारण है। न्यूनता का भाव यह भी कारण हो सकता है।

इन कारणों को दूर करने में सम्मोहन की सहायता हो सकती है। विशेषज्ञ सम्मोहनकर्ता के सूचना देने पर, सम्बन्धित व्यक्ति के उसे उचित ढंग से स्वीकारने पर और बाद में कोशिश, निरन्तर सम्मोहन के जरीए उसका अध्ययन करने पर मन स्थिर रखने में उसकी सहायता होती है। इससे पहले ध्यान में रखने को कठिन प्रतीत होनेवाली बातें अधिक आसानी से ध्यान में रहती हैं। व्यक्ति

की स्मरणशक्ति की सामर्थ्य का अधिक प्रयोग होने पर यह घटित होता है। कभी-कभी परीक्षा अथवा साक्षात्कार के डर से, दबाव से घबराकर व्यक्ति जो ज्ञात है उसे बता नहीं सकता। इस डर को सम्मोहन दशा में सूचना देकर कम किया जा सकता है और वह व्यक्ति बढ़िया उत्तर दे सकता है।

सम्मोहित व्यक्ति को कुछ दिनों के बाद सम्मोहन दशा में पुनर्जन्म याद आता है, ऐसा कहते हैं। ऐसे कई किस्से विश्व में मशहूर हैं। व्यक्ति ने कभी न देखा, न पढ़ा, लेकिन सदियों पहले के अपने जन्म सम्बन्धी विवरण अचूक बताता है। पुनर्जन्म का प्रत्यक्ष प्रमाण यह सम्मोहन की बड़ी सफलता नहीं है?

एकाध शास्त्र के अधूरे ज्ञान से या जानबूझकर गलत इस्तेमाल से कैसे गड़बड़ी निर्माण होती है, इसके मिसाल के तौर पर इस प्रसंग पर गौर कीजिए—गहरी सम्मोहन दशा में व्यक्ति के पहुँचने के बाद आप इस जन्म के पूर्व काल में पहुँच जाइए; उस वक्त आप कोई तो थे, कहीं तो थे उसे याद करने का प्रयास कीजिए, ऐसी सूचना दी जाती है। सम्मोहित व्यक्ति का बयान रिकॉर्ड किया जाता है। व्यक्ति के पुनर्जन्म की यादों का उक्त प्रत्यक्ष प्रमाण कुछ समय के लिए माना गया था।

दरअसल ऐसा घटित हुआ इस तरह—अर्नाल्ड ब्लॉक्स हैम वैद्यकीय शिक्षा बीच में छोड़ने वाला इंग्लैंड का व्यक्ति। उसने बाद में सम्मोहनशास्त्र पढ़ा। वह पुनर्जन्म में विश्वास रखता था। उसने सम्मोहन की दशा में अपने पुनर्जन्म की यादों में दाखिल होकर उन यादों को बयान करनेवाले चार-सौ लोगों की ध्वनिफित (आवाज) रिकॉर्ड की। जैफ्रे आयवरसन, बी.बी.सी. के दूरदर्शन के लिए कुछ वृत्तचित्र तैयार करनेवाला एक निर्माता। उसने इन ध्वनिफितों को सुना और उनमें से विश्वसनीय ध्वनिफितों का चयन किया। वे आम तौर पर ऐसी थीं जिनमें इतिहास के किसी काल के संदर्भ में; देश के बारे में, शहर के बारे में, रीति-रिवाजों के बारे में सम्मोहन से प्रभावित व्यक्तियों ने पुनर्जन्म का ब्योरा बयान किया था। वह समूचा हिस्सा समग्र इतिहास में अधिकतर धूमिल और अज्ञात

था। उन व्यक्तियों को सम्मोहन दशा में ले जाकर उनके द्वारा ये वृत्तान्त बी.बी.सी. पर बयान कर दिए गए। टीवी पर लाखों लोगों ने उसे देख लिया। सम्मोहन दशा से बाहर आने पर उन व्यक्तियों को इस बारे में कुछ भी याद नहीं था। इस समूचे प्रसंग में बिलकुल धोखाधड़ी प्रतीत नहीं हो रही थी। आयवरसन ने इसके कुछ निष्कर्ष प्रस्तुत किए। ब्लॉक्सहैम की ध्वनिफित पर काफी अनुसंधान हुआ है। ये ध्वनिफित केवल कल्पना का खेल या अद्‌भुत रम्यता नहीं। पूर्वजन्म की अनुभूतियों का इतना बढ़िया वर्णन वाकई पहली बार उपलब्ध हो रहा है। विज्ञान की आज की स्थिति में यह पुनर्जन्म प्रमाणित करनेवाला सर्वश्रेष्ठ प्रमाण है।

आयवरसन झूठ नहीं बोल रहा था किन्तु विज्ञान की वर्तमान स्थिति के बारे में उसका ज्ञान अधूरा था। इस प्रकार को क्रीप्टोमेन्शिया (Cryptomensia) कहते हैं, इससे वह अनजान था। मनुष्य के मन के दो प्रकार होते हैं। एक बाह्य मन (conscious mind) और दूसरा अंतर्मन (sub conscious mind)। मनुष्य का अंतर्मन विशाल और प्रभावी होता है। वह बेतरतीब ज्ञान का एक विशाल भंडार होता है। व्यक्ति किताबें, पत्रिकाएँ, समाचार-पत्र, रेडियो, टीवी, भाषण इन कई राहों से निरन्तर ज्ञान प्राप्त करता है। उसे ही भंडार में संग्रहीत किया जाता है और अक्सर वह विस्मरण में जाता है। किन्तु कई बार अचानक उसमें से कुछ यादें ताज़ा हो जाती हैं। उनकी संरचना भी कई बार अलग, धुँधली या हड़बड़ाहट वाली होती है। और उसकी जड़ तो वह व्यक्ति भी पूरी तरह से भूल चुका होता है, इसे ही क्रीप्टोमेन्शिया (Cryptomnesia) कहते हैं।

स्मृति की जड़ भूल जाने के कारण स्मृत जानकारी पूरी तरह से नवनिर्मित है ऐसा प्रतीत होने की सम्भावना होती है। हेलन केलर ने एक कथा लिखी। वह प्रकाशित हुई। उनकी प्रशंसा हुई। और बाद में वह कहानी उनतीस साल पहले प्रकाशित एक अन्य रचनाकार की कहानी थी वह बात सामने आ गई। हेलन केलर ने ऐसा जानबूझकर नहीं किया, उन्हें तो पूरी तरह से विस्मृत वह कहानी याद आई। उस समय उसके मूल प्रसंग भूल जाने के कारण वह उन्हें खुद की नवनिर्मिति प्रतीत हुई। फिर पुनर्जन्म के तौर पर बयान की गई याद उस व्यक्ति के जीवन में कहाँ से आ गई? मॉर्केट (Marquette) विश्वविद्यालय के प्राध्यापक डॉ. एडवीन झोलीक ने इसका उत्तर ढूँढ़ निकाला। उसने लोगों को सम्मोहित

किया, उन्हें पूर्वजन्म में जाने की सूचना दे दी। लोगों से उस जन्म की जानकारी इकठ्ठा कर दी और लोगों को सम्मोहन निद्रा से बाहर निकाला। जाग्रत् अवस्था में आने के बाद उन सभी ने स्पष्ट बताया कि सम्मोहन दशा में वर्णित किए उनके पुनर्जन्म की उन्हें कुछ भी जानकारी नहीं है। इसके बाद उन व्यक्तियों को फिर एक बार सम्मोहित किया गया और उनके द्वारा वर्णित जानकारी के आधार पर उक्त जानकारी उन्हें उनके पूर्वजन्म में कब मिली इसे जाँच लिया गया। सम्मोहन दशा में क्रमश: अलग-अलग उम्र में ले जाकर उन्हें वे यादें जाग्रत् करने का प्रयास करने को कहा गया। उनमें से सभी ने खुद पुनर्जन्म के तौर पर जो वर्णन किया, वह वर्णन किसी पुस्तक, सिनेमा या गपशप के दौरान सुना था, यह याद आ गया।

वे यादें और उनमें मिले हुए जज्बातों की गहराई से उनके तथाकथित पुनर्जन्म का निर्माण हुआ था। स्वयं को सम्मोहन तज्ञ कहनेवाले अर्नाल्ड ब्लॉक्स हैम ने मात्र अपने चार सौ ध्वनिमुद्रित केस में से एक भी केस की इस ढंग से परख नहीं की थी, फिनलैंड के ओलू (Oula) विश्वविद्यालय के मानसशास्त्र विभाग के प्रमुख डॉ. कैम्पमन ने इसी विषय पर अनुसंधान किया और डॉ. झोलीक के निष्कर्ष का समर्थन किया। ब्लॉक्स हैम की ध्वनिमुद्रित फिल्म में से जो विश्वसनीय तौर पर मशहूर हुई थी, टीवी पर दिखाई गई थी, उसके व्यक्तियों को इस जाँच के लिए आमंत्रित किया, किन्तु उन व्यक्तियों ने नकार दिया। इससे दो बातें समझ लें तो इसका परिणाम आसानी से निकलता है।

एक : मृत्यु के बाद दिमाग के पूरी तरह से नष्ट होने पर किसी भी तरह का स्मरण नहीं रहता। उसी कारण पूर्वजन्म का स्मरण होना सम्भव नहीं।

दो : सम्मोहन दशा में आई कोई भी याद उस जन्म में ही दिमाग में पैठी होती है। उसकी जड़ें भूल जाने के कारण वह शायद नई महसूस होगी, किन्तु वह उस प्रकार की नहीं होती है। पूर्वजन्म की तो बिलकुल नहीं होती।

सम्मोहन से व्यक्ति को युवावस्था, बाल्यावस्था का स्मरण हो जाता है, यह सच है? क्या इस पद्धति से व्यक्ति को पुनर्जन्म का स्मरण नहीं होता?

गहरी सम्मोहन दशा में व्यक्ति को क्रमशः वह कम उम्र का हो रहा है यह सूचना देने पर वह उस उम्र की अपनी विशेषताएँ सम्मोहनकर्ता के आदेश के अनुसार बयान करता है। जैसे वह सोलह साल का है और दसवीं कक्षा में है, ऐसी सूचना सम्मोहनकर्ता ने दी। उसके बाद उसे स्वयं की पाठशाला के बारे में लिखने को कहा। उसके बाद उम्र क्रमशः कम करते हुए वह नौ साल का है और तीसरी कक्षा में है, इस प्रकार का आदेश देकर स्वयं की पाठशाला के संदर्भ में लिखने को कहा, तो दसवीं के और तीसरी कक्षा के बच्चों के निबंध में जो भिन्नता होगी वही इन लेखन में मोटे तौर पर आ जाएगी। उस उम्र के उक्त साधारण प्रसंग (क्रिया) हो गए। किन्तु बचपन में, शिशु अवस्था, कुमार अवस्था में जो घटनाएँ घटित होती हैं उनका असर व्यक्ति के मन पर अंकित होता है और बाद में धीरे-धीरे उसका विस्मरण होता है या किया जाता है। इस प्रकार के कटु-मधुर प्रसंग भी सम्बन्धित उम्र में पहुँचने की सूचना देने पर स्मरण हो सकते हैं । मगर इस पद्धति से पुनर्जन्म का स्मरण होता है, इस प्रकार की दलील पूरी तरह खोखली है।

जिस समय व्यक्ति की मृत्यु हो जाती है, उसी समय उसका दिमाग, मज्जासंस्था, और दिमाग में स्थित सभी केन्द्र (Brain Centres) नष्ट होते हैं। उनमें स्थित होनेवाली कल्पना, भावना, स्मरणशक्ति सबका नाश हो जाता है और कुछ भी शेष नहीं रहता है। उसी कारण व्यक्ति को सम्मोहन दशा में अपने पुनर्जन्म की बातों का स्मरण होना झूठ है।

सम्मोहन दशा में स्मरण होना इस बात की बुनियाद पूरी तरह ऐहिक है। यानी दिमाग में पहले से ही दर्ज स्मृतियाँ स्मरण हो जाती हैं। जो दर्ज नहीं हुई हो वह बात कभी भी याद नहीं आ जाती। इस कारण मस्तिष्क को दुर्घटना से चोट पहुँचने पर एकाध अंश स्थायी रूप से बेकार होने पर उस अंश का स्मरण पूरी तरह से लुप्त हो जाता है। सम्मोहन दशा में भी वह वापस नहीं आ सकता। जो मस्तिष्क से लुप्त हो चुका है उसे सम्मोहन अवस्था में स्मरण करना असम्भव है।

भूत बाधा और देवी का संचार

अमरीका के राष्ट्राध्यक्ष के निवास (वाइट हाउस) में अब्राहम लिंकन का भूत, हॉलीवुड की नायिकाओं के भूत इस तरह की कई खबरों को भारत के भारी खपत के साप्ताहिकों में हम पढ़ते हैं। यह सब सच है या झूठ?

यह सब झूठ ही है; कारण, भूत मिथ्या ही है। समाचार-पत्रों में छपे हुए भूतों के वृत्तान्तों के बारे में प्रमाण माँगने पर भी वे नहीं मिले हैं। कुछ स्थानों पर प्रमाण दिए गए लेकिन वे चिकित्सक वृत्ति के कार्यकताओं से कभी जाँचे-परखे नहीं होते हैं। प्रमाणों के तफसील तो कभी भी नहीं होते हैं।

अज्ञान को दूर कर प्रबोधन करना यह समाचार-पत्रों का प्रयोजन होता ही है ऐसा नहीं। खपत बढ़ाने के लिए पाठक वर्ग को आकर्षित करने के लिए सनसनीखेज समाचार छापने में समाचार-पत्र चलानेवालों की दिलचस्पी होती है। लोगों को भूतों के किस्से रोमांचक और अद्भुत प्रतीत होते हैं। इसी कारण इन खबरों को छापा जाता है।

कई बार समाचार-पत्रों के मालिक, सम्पादक और मजदूर वर्ग में पुराने स्वार्थ संबंध और अंधविश्वासों को माननेवालों की भरमार होती है। पुराने स्वार्थ सम्बन्ध और अंधविश्वास शोषण के आधार होते हैं। इसलिए प्राचीन शोषण व्यवस्था बनाए रखने के लिए बेकार की अनगिनत बातों को ये लोग अपने समाचार-पत्रों से पिरोते हैं।

अधिकांश समाचार-पत्रों और साप्ताहिकों के सम्पादक कौन-सा विचार करते हैं, अज्ञान दूर करने का या दूसरी किसी बात का? इसकी हमें आई

निराशाजनक अनुभूति का यहाँ जिक्र करना उचित है। एक दैनिक के सम्पादक हमारे दोस्त हैं। 'बोलनेवाला पत्थर' नाम से बीस पैसों का कंकड़ बीस रुपयों में बेचनेवाले बड़ौदा के पटवर्धन के खिलाफ सातारा में हमने आन्दोलन शुरू किया था। पटवर्धन के पक्ष में बड़ी-बड़ी खबरें एक दैनिक में आती थीं। हमारी खबर मात्र छपती नहीं थी। सम्पादक मित्र से इस संदर्भ में हम मिले और अपने विचार दैनिक में छापने का निवेदन किया। इस पर सम्पादक ने उत्तर दिया, "पटवर्धन के कारण एक माह में 40 हजार रुपयों का मुनाफा हुआ। आपसे मुझे क्या मिलेगा?"

सनसनीखेज समाचारों से बढ़नेवाली खपत या इस प्रकार के समाचार जो देते हैं उनसे विज्ञापन के लिए मिलनेवाली बड़ी रकम इन दोनों का लालच टालनेवाले समाचार-पत्र भी हैं। लेकिन इस लालच के शिकार बननेवाले और व्यवसाय में अच्छी पैठ बनाए समाचार-पत्र, साप्ताहिक भी हैं। वे लोगों को काफी हद तक गुमराह करते हैं।

कई लोग स्वयं भूत देखने की बात यह कसम खाकर बताते हैं कि वे झूठ नहीं बोलते। इस पर आपकी क्या राय है?

असल में जो नहीं वह है ऐसा प्रतीत होना, इसे भ्रांति या भ्रम (Deceptive perception) कहते हैं। जिन व्यक्तियों को यह दिखाई देता है वह उनके मन का भ्रम होता है।

भ्रम संवदेनाओं के हो सकते हैं, विचारों के हो सकते हैं। संवेदनाओं के इन्द्रिय भ्रम (illusion) या मन के भ्रम (Hallucination) इस प्रकार के होते हैं।

रस्सी को साँप समझना, दोपहर की कड़ी धूप में रास्ते पर पानी चमकने का भ्रम होना, यह दृष्टि भ्रम का (optical illusion) प्रकार है। पाँचों ज्ञानेंद्रियों को इस प्रकार के भ्रम होते हैं। जैसे आँवला खाने पर पानी मीठा लगाना, यह जिव्हा का भ्रम है।

मन के भ्रम (Hallucination) जिस समय होते हैं, उस वक्त बाह्य संवेदनाओं के सिवा घटनाओं की भ्रांति भी होने लगती है। हमारे सामने कौन

खड़ा है, हमारी बगल में कौन बैठा है; ईश्वर अपने साथ बोल रहा है, इस स्वरूप के उक्त भ्रम होते हैं। रासायनिक उद्दीपकों से भी ऐसे भ्रम हो सकते हैं। गाँजा, हेरोइन आदि का सेवन करने पर व्यक्ति को हवा में तैरने का अनुभव होता है। अलग-अलग भ्रम होते हैं। शरीर में जीवनसत्व और अन्य जैव रासायनिक घटकों के अभाव से भी मानसिक भ्रम निर्माण हो सकते हैं।

भूत, पिशाच, शैतान होते हैं इस बात के बचपन से संस्कार होने के कारण ही व्यक्ति का विश्वास होता है। यह मन का पूर्वग्रह है। इन मनुष्यों को अँधेरे में, घनी छाया में, पनघट के पास पीपल पर दिखाई देनेवाला विचित्र साया दृष्टि भ्रम और मन के पूर्वग्रह के कारण ही पिशाच का दर्शन प्रतीत होता है। व्यक्ति निडरता से या भ्रांति से उत्पन्न इन दृश्यों के पास जाने को तैयार नहीं होता। जिन्होंने निडरता से खोज की उन्हें इसके पीछे मन का भ्रम होने की बात समझ में आ गई।

भ्रम का दूसरा प्रकार विचारभ्रम (Delusion) है। इस भ्रम को सम्बन्धित व्यक्ति द्वारा अधिक दृढ़ता से स्वीकार किया गया होता है। उसके आसपास के समाज का उस भ्रांति पर विश्वास नहीं होता है। किन्तु सम्बन्धित व्यक्ति अपने भ्रम की बिलकुल चिकित्सा नहीं करता। इसी कारण उक्त भ्रम केवल मूर्खता का प्रकार बनता है। लोग इसे ही भूत बाधा कहते हैं। पापी लोगों की हत्या कर इस विश्व में पुण्य का राज्य निर्माण करने का विचार रखनेवाला रामन राघव इसी मनोविकार का शिकार था। इन विभिन्न दशाओं में हुई भ्रांति को ही लोग भूत बाधा मानते हैं।

हमारे गाँव में पनघट के नजदीक के बरगद के नीचे से जाते समय अमावस्या-पूर्णिमा को भूत बाधा की दस-बीस वारदातें तो हर साल घटित होती हैं। हम स्वयं इसे देखते हैं। इसे झूठ कैसे कह सकते हैं?

अब्राहम कोवूर की 'Begone Bodmen' पुस्तक में उनकी विवेचित की भूतों की अनुभूति को बयान करें तो उपर्युक्त प्रश्नों का उत्तर मिल जाएगा। कोवूर और उनकी पत्नी इन दोनों पर भी भूत होते हैं और वे मनुष्यों को बाधित करते

हैं; ऐसा संस्कार बचपन में ही हुआ था। वे रिचमंड कॉलेज में थे तब उन्हें रात के वक्त कॉलेज की रास्ते पर की घाटी से पत्नी के साथ जाने का संयोग आया। उस घाटी के पेड़ों पर भयानक पिशाच हैं ऐसा उनके दोस्तों ने उन्हें बताया था। घाटी में आने पर श्रीमती कोवूर 'सामने डरावना हाथी दिखाई दे रहा है', ऐसा चिल्लाने लगीं। घाटी के भूत ने हाथी का रूप धारण किया था इसी विचार से वह कोवूर से कसकर लिपट गईं। कोवूर उस जगह से भाग जाते तो श्रीमती कोवूर भागते-भागते बेहोश पड़ जातीं और भूत बाधा सच होती है कोवूर की पत्नी का यह विचार दृढ़ हो जाता। मगर कोवूर भागे नहीं। वे अपनी जगह पर ही पत्नी को धीरज देते हुए खड़े रहे। थोड़ी देर में हाथी के मुख से निकलनेवाली आवाज उन्होंने सुनी तो भी वह अपनी जगह से हिले नहीं। अपितु उन्होंने दो बार आवाज़ दी। तभी हाथी ने कान हिलाया और हाथी के पास से एक व्यक्ति कोवूर के पास आने लगा। "कौन हैं आप? अँधेरे में हाथी यहाँ क्यों लेकर आ गए?" ऐसा कोवूर ने उससे गुस्से से पूछा तो उस आदमी ने कहा, "कौन-सा हाथी? वह गाड़ी है। मैं ड्राइवर हूँ।" कोवूर ने आगे जाकर देखा। बड़ी काली डॉज गाड़ी पेड़ के नीचे खड़ी थी।

अँधेरे में खड़ी गाड़ी श्रीमती कोवूर को घाटी के भूत के रूप में (हाथी के रूप में) क्यों प्रतीत हुई? भूत होने का यह पूर्वग्रह। घाटी के पेड़ पर पिशाच है यह सुना विवरण। इसी कारण गाड़ी ही हाथी है और पिशाच का वह रूप है यह भ्रम हुआ। निडरता से अँधेरे का वह काला आकार नजदीक से देखा होता तो यह भ्रम नहीं होता। गाड़ी को हाथी समझना उक्त दृष्टि भ्रम का ही प्रकार है। सवारी में सोए ड्राइवर के खर्राटे श्रीमती कोवूर को हाथी के खर्राटे प्रतीत हुए। यह ध्वनि-भ्रम है। कोवूर की पत्नी के 'वह हाथी है' कहते ही कोवूर भी गाड़ी को हाथी समझने लगे। इसे सूचना वर्तन कहते हैं। वह हाथी है, इस प्रकार का विचार मन में पक्का होने पर, आगे उसी दिशा में मन विचार करने लगता है। गाड़ी के ड्राइवर ने गाड़ी का दरवाजा खोल दिया, वह यानी हाथी कान हिला रहा है ऐसी धारणा इसी सूचना वर्तन के अनुसार घटित हुई।

पनघट के नजदीक वाले बरगद के पेड़ पर भूत हैं, यह उस गाँव के लोगों का पूर्वग्रह होता है। ये भूत अमावस्या-पूर्णिमा को पक्का दिखाई देते हैं, यह

और एक पूर्वग्रह (Delusion)। बरगद के पेड़ के नीचे से जाते वक्त दृष्टि भ्रम से भूत का भ्रम होता है। घबराए व्यक्ति की घिग्घी बँध जाती है। वह डर से बड़बड़ाने लगता है।

कई विषयों में पहले ही मानसिक संतुलन खोए व्यक्ति भूत के भ्रम के शिकार बन जाते हैं। बीमारियाँ, दुर्घटना, झगड़ा आदि कारणों से मानसिक संतुलन बिगड़ता है। ऐसे व्यक्ति रात के समय या दोपहर के समय बरगद के नीचे से जाने लगें तो मन की बेचैनी पिशाच के भ्रम को लाभदायक हो जाती है। तब मन का संतुलन अधिक खराब होने से व्यक्ति बड़बड़ाने लगता है या खामोश रहता है आदि। लोग इसे ही 'भूत बाधा' समझते हैं।

हमारे गाँव के श्मशान के पास, बीच-बीच में विशेषत: अमावस्या को अग्नि घूमती दिखाई देती है। गाँववालों का मानना है कि भूत मशालें नचाते हैं। क्या ऐसा घटित होता होगा?

भूत नहीं होते हैं। अत: भूत मशालें लेकर नाचते नहीं। यह सुनी हुई जानकारी पर आधारित पूर्वग्रह (Delusional belief) है। फिर ये मशालें या अग्नि कैसे दिखाई देती है?

ये मशालें मनुष्यों के हाथ में होती हैं। इस बारे में कोवूर का एक मनोरंजक अनुभव है। एक पूँजीपति मनुष्य के घर में काम करनेवाले नौकर ने मशाल नचाकर जमींदार के घर के पास वेताल होने की अफवाह फैलाई। कोवूर ने इसकी निडरता से जाँच की तो इस नौकर को पकड़ते ही उसने खुद मशालें नचाने की बात कबूल कर ली और उसके पीछे का कारण भी बताया।

श्मशान में लाशें जलती रहती हैं। यह आग यानी वेतालों की मशाल ऐसा दृष्टिभ्रम होना सम्भव है।

जंगलों में कुछ स्थानों पर फफूँदी की वृद्धि वाले पेड़ होते हैं। इन पेड़ों की फफूँदी से उजाला बाहर निकलता है। ऐसे पेड़ अँधेरी रातों में जलते हुए प्रतीत होते हैं। दृष्टि भ्रम के कारण उनके अगिया वेताल होने का भ्रम होता है।

पनघट के स्थान पर पेड़ों के सड़ने से मेथेन जैसी ज्वलनशील गैस तैयार

होती है। इस गैस के बुलबुले प्रज्वलित होते हैं तो इन स्थानों पर अग्नि नाचने का दृष्टि भ्रम होता है।

फॉस्फोरस ज्वलनशील है। कुछ कारणों से एकाध स्थान पर फॉस्फोरस होगा तो जलने पर वह चमकता है। इससे अँधेरे में अग्नि की मशाल लेकर नाचनेवाले भूत का उस स्थान पर होने का दृष्टि भ्रम होता है।

नॉक्टीलुका नाम के सूक्ष्म विषाणु उष्ण कटिबंध के समुंदर के पानी में होते हैं। लहरों के कारण या अन्य कारणों से पानी हिल जाता है; तो नॉक्टीलुका फैले हिस्से में जलता हुआ प्रतीत होता है। इसे ही जल के भूत ने नचाई मशाल है ऐसा समुंदर के यात्री मानते थे।

जिसका विवरण दे नहीं सकते ऐसी घटना को ईश्वरीय या पिशाच पीड़ित समझना मनुष्य के मन की कमजोरी है। इस प्रकार के पूर्वग्रह से प्रभावित किस्सों को नमक-मिर्च लगाकर प्रस्तुत किया जाता है।

भूत बाधा से प्रभावित लोग डॉक्टर के पास जाकर भी ठीक नहीं होते हैं। किन्तु मांत्रिक उन्हें ठीक करता है, ऐसा हमारा अनुभव है। यह कैसे घटित होता है?

किस डॉक्टर के पास जाकर भूत बाधा से प्रभावित लोगों के ठीक न होने की अनुभूति प्रश्न पूछनेवाले को मिली, इसका जिक्र प्रश्न में नहीं है।

भूत बाधा मन की बीमारी है। मन की बीमारी का निदान और उसका इलाज केवल मनोविकार तज्ञ कर सकते हैं। ग्रामीण इलाके के अधिकांश डॉक्टरों को मनोविकार का निदान करने और उसका इलाज करने का ज्ञान नहीं होता है। भूत होता है और वह मनुष्य को बाधित करता है इस बात पर उनकी श्रद्धा होती है। वे बीमार के रिश्तेदारों को, 'यह भूत बाधा है; अस्पताल में ठीक नहीं होनेवाली' इस प्रकार की सलाह देते हैं। ऐसे समय बीमार को मांत्रिक के पास ले जाने के सिवा अन्य विकल्प नहीं होता है। कुछ घटनाओं में नाममात्र की भूत बाधा से प्रभावित व्यक्ति मांत्रिक से ठीक भी होते हैं। यह कैसे घटित होता है?

मानसिक असन्तुलन बिगड़े मनोरुग्ण का भूत होता है और वह बाधित करता

है ऐसा दृढ़ विश्वास (Delusion) होता है। मांत्रिक इन व्यक्तियों के शरीर से मुर्गी उतारकर या अन्य प्रकार से भूत निकालने का अभिनय करता है। खुद को भूत बाधा से मुक्त कराने की सूचना मांत्रिक से मिलते ही मनोरुग्ण व्यक्ति का मानसिक मनोबल बढ़ता है। भूत बाधा से मुक्त किया यानी बीमार के मन का भूत निकल चुका होता है। बीमार ठीक होता है किन्तु...

मांत्रिक द्वारा भूत बाधा से मुक्त करने की प्रक्रिया नुकसानदायी होती है। बीमार होने वाली की मानसिक बीमारी का मूल कारण बीमार को ज्ञात नहीं होता। इसी कारण बीमारी पुन: उत्पन्न हो सकती है। गम्भीर मानसिक बीमारियाँ मांत्रिकों के द्वारा ठीक नहीं होती हैं।

अगर बीमार युवा स्त्री होगी तो उसका अनुचित लाभ उठानेवाले मांत्रिक होते हैं।

इसलिए बीमारी का निदान कर पक्का इलाज करनेवाले मनोविकार तज्ञ के पास जाना अधिक लाभदायी होता है। इस बारे में यह आपत्ति आ सकेगी कि मानसोपचार तज्ञ बहुत कम होते हैं और उनके इलाज का खर्चा भी आम लोगों के बस में नहीं होता है। किन्तु यह समस्या होने पर भी, मांत्रिक या भगत के पास जाना इसका विकल्प नहीं हो सकता।

इस बारे में इलाज के तौर पर समुदाय में मानसिक स्वास्थ्य का एहसास निर्माण करना और उसकी रक्षा करना आवश्यक है। ऐसा होने पर तो कई मनोविकारों का इलाज हो सकता है। इस स्वरूप की कुछ कार्रवाई कर्नाटक में डॉ. श्रीवत्समूर्ति के नेतृत्व में शुरू भी हुई है। इन उपक्रमों का व्यापक स्तर पर आन्दोलन का रूप आने पर उससे अधिक लाभ मिल सकता है। अंधविश्वास उन्मूलन समिति इसके लिए प्रयास कर रही है।

शरीर में देवी-देवता का संचार होना और भूत बाधा ये एक ही तरह के मनोविकार हैं या बहानेबाजी है?

शरीर में देवी-देवता का संचार या भूत बाधा ये मन की बीमारियाँ है, यह सच है। मनुष्य को कई प्रकार के तनावों से गुजरना पड़ता है। परीक्षा का डर, लैंगिक

तनाव, निरन्तर बीमारी, बच्चा न होना आदि। अंतर्मन का उक्त तनाव बाह्य मन नियंत्रित करता है। उक्त नियंत्रण छूटते ही मन का संतुलन बिगड़ता है। उससे शरीर में देवी-देवता का संचार या भूत बाधा जैसे विकार जन्म लेते हैं। मगर दोनों में कुछ बातों में अन्तर है।

भूत बाधा से प्रभावित व्यक्ति में ढोंग अधिकांश तौर पर नहीं होता है। उसका मानसिक संतुलन पूरी तरह बिगड़ा होता है। वह पागल होने का ही प्रकार होता है। भूत बाधा एक मानसिक बीमारी है। बाधित होने की क्रिया व्यक्ति की इच्छा के खिलाफ घटित होती है।

शरीर में देवी-देवता एक संचार यह प्रासंगिक प्रकार है। इससे प्रभावित होने के बाद वह व्यक्ति सामान्य मनुष्यों की तरह प्रतीत होता है। शरीर में देवी-देवता संचारित होने की तीन सम्भावनाएँ हैं—

1. वह ढोंग हो सकता है। शरीर में देवी-देवता संचारित होने का लाभ ध्यान में आने के कारण उक्त बहाना किया जाता है। मांत्रिक, भगत, प्रश्नों के उत्तर देनेवाली माताएँ इनके शरीर में होनेवाला देवी-देवता का संचार एक ढोंग होता है।
2. शरीर में देवी-देवता संचारित होने का दूसरा प्रकार यह कि शरीर में देवी-देवता के संचार से प्रभावित होने से पहले किसी ईश्वर ने, देवी ने खुद पर काबू पा लिया है ऐसा उस व्यक्ति को प्रतीत होता है। ईश्वर इस प्रकार से शरीर में संचारित होने से आ जाता है ऐसा उस व्यक्ति को बचपन से मिले संस्कार की वजह से होता है। व्यक्ति मानसिक तनाव और उक्त संस्कार इससे कुछ समय तक शरीर में देवी-देवता संचारित होने से प्रभावित रहा है। इसका व्यक्ति को लाभ होकर उसका मानसिक तनाव कम होता है। समाज में कुछ स्वीकृतियाँ मिलने की सम्भावना होती है। इन व्यक्तियों को ऐसी स्वीकृति की बहुत आवश्यकता होती है।
3. शरीर में देवी-देवता संचारित होने का तीसरा प्रकार यानी विशेष समय पर शरीर में देवी-देवता संचारित होना; यह सामाजिक, सांस्कृतिक दृष्टि

से स्वीकृत वर्तन होता है। वह ईश्वर की पूजा के समान अच्छा माना जाता है। नवरात्रि में माता के सामने प्रभावित होनेवाली कुछ स्त्रियों के बारे में तो बहानेबाजी या मनोविकार के सिवा यह कारण हो सकता है।

इससे प्रभावित व्यक्ति में निम्न प्रकार के लक्षण दिखाई देते हैं—

1. यथार्थता से पूरी तरह से भटका हुओ व्यक्ति। इन व्यक्तियों की शारीरिक संवेदना पूरी तरह से चेतनारहित होती है; समूचे भाव और आवाज परिवर्तित हुई होती है। इन व्यक्तियों को सँभालना आसान नहीं होता।
2. व्यक्ति कुछ हद तक होश में होता है। संवेदना कुछ हद तक चेतनारहित होती है। आवाज में बदलाव नहीं होता है।
3. व्यक्ति पूरी तरह से होश में होता है। चेहरे के भाव या आवाज में बदलाव नहीं होता है।

शरीर में देवी-देवता संचारित होने से प्रभावित होनेवाले लोग, भगत और शरीर में देवी-देवता संचारित होने से प्रभावित होनेवाली अन्य स्त्रियाँ, इन सबके बीच यही स्वरूप दिखाई देने के कारण मांत्रिकों के पाखंड में लोग फँस जाते हैं। प्रत्यक्ष में यह दशा सम्मोहन की अलग-अलग दशाओं के समान है।

भूत से बाधित व्यक्ति जीवन में कभी न बोली हुई भाषा बोलता है। इसे हमने देखा है। इस पर क्या कहेंगे?

दूसरी आत्मा के द्वारा बाधित होने पर या भूत बाधा से प्रभावित होने पर या पिछले जन्म के स्मरण के कारण व्यक्ति ज्ञात न होनेवाली भाषा बोल सकता है, यह विचार सच नहीं। अपरिचित भाषा बोलना यह पूर्वग्रह से निर्मित मानसिक विकार है। इस विकार को 'Glassolaliu' कहते हैं। इस विकार में व्यक्ति में शारीरिक बदलाव नहीं होते। सिर्फ बोलने में परिवर्तन होता है।

ऐसे व्यक्तियों का निरीक्षण करने पर निम्न बातें दिखाई देती हैं—

1. ऐसी व्यक्ति कभी न बोली हुई भाषा बोल सकता है, यह सच नहीं है। उस भाषा के सुने हुए या कानों पर पड़े कुछ टूटे-फूटे शब्द बोले जाते हैं। मगर उनका वर्णन अतिरंजित रूप में किया जाता है। ऐसे व्यक्तियों का बोलना रिकॉर्ड किया जाए और वह भाषा के जानकार व्यक्ति को सुनाया जाए, तो दो-चार शब्दों के अलावा किसी भी प्रकार की समानता उसमें दिखाई नहीं देती है।
2. ऐसा व्यक्ति जीवन में कभी न सुनी हुई भाषा बोल नहीं सकता। भारतीय व्यक्ति हिन्दी, कन्नड़, गुजराती टूटी-फूटी बोल सकेगा मगर (अपवाद छोड़कर) जर्मन, संस्कृत, फ्रेंच भाषा नहीं बोल पाएगा। कारण, वह भाषा सुनने या समझने की सम्भावना बहुत कम होती है।

शरीर में देवी-देवता संचारित होने से प्रभावित आत्मा या ईश्वर किसी भी भाषा में बोल सकता है। मगर ऐसा घटित नहीं होता।

अब्राहम कोवूर की 22 चुनौतियों में से 14 वीं चुनौती इस इस प्रकार है—

पुनर्जन्म के कारण, पवित्र या दुष्ट आत्मा से बाधित होने पर पहले न सुनी भाषा एकाध व्यक्ति बोल सकती है, तो ऐसे व्यक्ति को एक लाख रुपयों की चुनौती कोवूर ने दी है।

इस चुनौती को आज तक किसी ने भी स्वीकार नहीं किया है।

क्या शरीर में देवी-देवता संचारित होने से प्रभावित होने का हर प्रकार लोगों से जानबूझकर किया धोखा होता है?

शरीर में देवी-देवता संचारित होने से प्रभावित व्यक्ति—1. ठगने वाला पाखंडी होगा या 2. मनोरुग्ण होगा। लेकिन शरीर में देवी-देवता संचारित होने से प्रभावित होनेवाला हर व्यक्ति जानबूझकर ठगने वाला होता है; ऐसा मानना गलत होगा।

शरीर में देवी-देवता संचारित होने से प्रभावित व्यक्ति धोखा करनेवाला होगा,

तो ऐसा व्यक्ति लूटने का धंधा शुरू करता है। लोगों के प्रश्नों के उत्तर देना, समस्याओं के उपाय बताना इससे पैसा मिलता है। लोग पाँव पड़ते हैं। सम्मान मिलता है। ओझा, दरबार आयोजित कर प्रश्नों के उत्तर देनेवाली माताएँ इस प्रकार में आ जाती हैं।

धोखा करनेवाले पाखंडी व्यक्ति के शरीर में देवी-देवता संचारित होने पर, उसे दो चाँटे लगाते ही उनका अभुआना बंद होगा। ऐसे व्यक्ति के हाथ में जलता कपूर रखने या बदन को खुजली करनेवाली केवाँच लगाने पर भी उसका अभुआना तुरन्त बंद हो जाएगा।

शुरुआती प्रश्नों में मानसिक संतुलन ढहने के कारण शरीर में देवी-देवता संचारित होने से प्रभावित होने के प्रकार का विवरण दिया है। ऐसे व्यक्ति पाखंडी नहीं होते हैं। उनके शरीर में देवी-देवता का संचारित होना बंद करने के लिए उपर्युक्त इलाज करना अनुचित साबित होगा। ऐसे मानसिक बीमार लोगों को मनोविकार तज्ञों के पास ले जाकर इलाज कराना चाहिए।

शरीर में देवी-देवता संचारित होने से प्रभावित व्यक्ति दस लोगों पर भारी पड़ता है। ऊँचे पेड़ों की चोटी पर झट से चढ़ जाता है, इसे मैंने खुद देखा है। यह कैसे घटित होता है?

एक ही कल्पना से प्रभावित व्यक्ति के बारे में उन्मादावस्था में ऊपर उल्लिखित बात सम्भव है, वह केन्द्रित मन:सामर्थ्य का आविष्कार है।

केन्द्रित मन:सामर्थ्य का ज्ञात उदाहरण मशहूर है। गाड़ी के नीचे एक लड़के का पालतू कुत्ता आ जाता है। समूची शक्ति से वह लड़का गाड़ी ऊपर उठाता है और कुत्ते का बाहर निकलना सम्भव होता है। रायगढ़ के दरवाजे बंद होने पर हिरकणी उस दुर्गम किले से रात के समय किसी तरह उतरकर बच्चे के खिंचाव से घर आ जाती है। रायगढ़ जैसे दुर्गम किले से वह अँधेरे में कैसे उतर सकी? बच्चे के लगाव से मन:शक्ति संगठित होने से ही वह सम्भव हुआ। बाधित आत्मा के कौशल के कारण नहीं।

शरीर की क्षमता से जो करना सम्भव है उसे केन्द्रित मन सामर्थ्य से सफल

कर सकेंगे। इसी कारण दस लोगों से न सँभाला जाना या ऊँचे पेड़ की चोटी पर चढ़ना यह शरीर में देवी-देवता संचारित होने वाली व्यक्ति के लिए असम्भव नहीं। इसके लिए आत्मा की सहायता की आवश्यकता नहीं।

दूसरा भी कारण हो सकता है। शरीर में देवी-देवता संचारित होने से व्यक्ति ने सोच-विचार गँवाया होता है। पेड़ पर चढ़ने में निपुण व्यक्ति भी पेड़ की चोटी पर जाता नहीं। कारण, उस स्थान पर चढ़ने पर गिरने का डर है यह विचार उसके पास होता है। यह विचार खो देने के कारण शरीर में देवी-देवता संचारित होने से व्यक्ति पेड़ के चोटी पर चढ़ता है।

यदि ईश्वर होगा या सचमुच व्यक्ति शरीर में देवी-देवता संचारित होने से प्रभावित होता होगा, तो ऊँचे पेड़ों पर चढ़नेवाला व्यक्ति हवा में क्यों नहीं उड़ जाता? ईश्वर के लिए यह सम्भव होना चाहिए। मगर ऐसी व्यक्ति कभी भी हवा में उड़ नहीं सकता।

इतना ही नहीं, जिस काम की कुशलता के लिए प्रशिक्षण की आवश्यकता होगी वह काम शरीर में देवी-देवता संचारित होने वाला व्यक्ति नहीं कर सकता। जैसे, शरीर में देवी-देवता संचारित होने से प्रभावित व्यक्ति ने पहले अगर साइकिल नहीं चलाई होगी तो प्रभावित होने पर भी वह साइकिल नहीं चला पाएगा क्योंकि साइकिल चलाने के लिए कम से कम प्रशिक्षण की आवश्यकता होती है।

शरीर में देवी-देवता संचारित होने से प्रभावित व्यक्ति अगर अधिक समय तक रफ्तार से घुघुआता या नाचता रहा तो अभुआना बंद होने के बाद वह कुछ देर तक स्थिर पड़ा रहेगा, क्योंकि शरीर की शक्ति थोड़े समय में किए अतिरिक्त प्रयोग से थक जाती है। जबकि ईश्वर के शरीर में संचार करने पर थकने का कारण ही नहीं होता।

शरीर में देवी-देवता संचारित होने से प्रभावित व्यक्ति लोगों के प्रश्नों के उत्तर कैसे देता है?

शरीर में देवी-देवता संचारित होने से प्रभावित व्यक्ति ने जिन-जिन प्रश्नों के उत्तर

दिए वे सभी अचूक साबित हुए; इसका संख्याशास्त्रीय अध्ययन नहीं हुआ है। इसलिए उपर्युक्त कथन का वैज्ञानिक आधार नहीं है। जिन्हें अपने प्रश्नों के उत्तर उचित मिले, उन्हें ऐसा अनुभव प्राप्त हुआ कि उनके संदर्भ में सम्भावना सिद्धान्त (Law of probablility) के अनुसार उत्तर सही आए होंगे।

संख्याशास्त्र में सम्भावना सिद्धान्त (Law of probability) है। यह सिद्धान्त सभी प्रकार के गुरुडम में उपयोगी साबित होता है। सिक्का ऊँचा फेंकने पर तो छापा या काँटा ऊपर आता है। यहाँ छापा आने की सम्भावना आधी (50%) है। यानी 100 बार सिक्का फेंकेंगे तो 50 बार के करीब छापा आएगा। या 100 सिक्के ऊपर फेंके तो उनमें से लगभग 50 सिक्कों में छापा आएगा। इस नियम का शरीर में देवी-देवता संचारित होने से प्रभावित व्यक्ति या बाबा-मांत्रिक को कैसे लाभ होता है?

सामान्यत: शरीर में देवी-देवता संचारित होने से व्यक्ति के जिस प्रश्न का उत्तर 'हाँ' अथवा 'नहीं' आएगा, ऐसे ही प्रश्न पूछे जाते हैं। जैसे मुझे लड़का होगा या लड़की? दो ही सम्भावनाएँ होती हैं। उस व्यक्ति को लड़का होगा या लड़की। लड़का हुआ तो अपने प्रश्न का उत्तर अचूक मिल गया, यही उसका विचार होगा। सौ व्यक्तियों ने इस प्रकार के प्रश्न पूछे तो कुछ लोगों को अचूक उत्तर मिलेगा यह साफ है। जिनके प्रश्नों के उत्तर सही साबित होते हैं वे शरीर में देवी-देवता संचारित होनेवाली व्यक्ति को उसका श्रेय देते हैं। किन्तु कई लोगों के प्रश्नों के उत्तर गलत साबित होते हैं। उनका क्या? ऐसे व्यक्ति अपने नसीब को दोष देते हुए चुप रहते हैं। इसलिए शरीर में देवी-देवता संचारित होने से प्रभावित व्यक्ति प्रश्नों के उत्तर अचूक देता है, इसकी वैज्ञानिक जाँच किए बगैर उस पर भरोसा करना गलत होगा।

'हाँ' या 'नहीं' इस स्वरूप के प्रश्न पूछने के बजाय शरीर में देवी-देवता संचारित होने से प्रभावित व्यक्ति से दूसरे प्रकार के प्रश्न पूछना चाहिए। ऐसा व्यक्ति जाँच करनेवाले व्यक्ति के जेब की 'नोट' का नम्बर बताए। केवल इसी एक प्रश्न का उत्तर अचूक मिलने पर शरीर में देवी-देवता संचारित होने से प्रभावित व्यक्ति की शक्ति को हम स्वीकार करेंगे।

ईश्वरीय शक्ति शरीर में संचारित होने का समय और भूत बाधा का समय अमावस्या-पूर्णिमा को ही होता है, यह कैसे?

येरवडा मेंटल अस्पताल में कुछ हजार मनोरुग्णों की विगत कई सालों से की जाँच में ऐसा कुछ भी दिखाई नहीं दिया है। या अन्य किसी स्थान पर जाँच में ऐसा निष्कर्ष प्राप्त नहीं हुआ है।

शरीर में देवी-देवता संचारित होने से प्रभावित होनेवाले व्यक्ति दूसरों के विचारों को माननेवाले होते हैं। ऐसे व्यक्ति तुरन्त सूचना स्वीकारते हैं। आस-पास के लोगों में अमावस्या-पूर्णिमा को शरीर में देवी-देवता का संचार होता है। यह परम्परा से चला आ रहा पूर्वग्रह होता है। ऐसे लोग सूचना देते हैं : "देखो, कल अमावस्या है, इसके शरीर में देवता का संचार होगा।" और दूसरे दिन ही उस स्त्री में देवी का संचार होता है।

शरीर में देवता का संचार होनेवाले मांत्रिक, ओझा अमावस्या-पूर्णिमा को ही प्रभावित होते हैं। उनका प्रभावित होना पाखंड होता है। ऐसे मांत्रिक मनोरुग्ण व्यक्ति पर भूत बाधा करते हैं और भूत बाधा को निकाल देता हूँ ऐसा भी बताते हैं। मांत्रिक की सूचना मनोरुग्ण व्यक्ति द्वारा स्वीकार की जाती है। भूत बाधा हुई यही उनका विचार होता है। उस दिन इलाज के लिए आनेवाले मनोरुग्णों को मांत्रिक सूचना देकर उन्हें प्रभावित करते हैं और कई बार मनोरुग्ण स्वयं ही वह सूचना पहले ही स्वीकृत करता है और अमावस्या-पूर्णिमा को शरीर में देवी-देवता संचारित होने लगते हैं।

अधिकतर स्त्रियों में ही देवी-देवता का संचार क्यों होता है?

स्त्रियों में ही देवी-देवता का अधिक संचार होता है यह सच है। लेकिन विशेषत: निर्धन या पिछड़ी जाति की स्त्रियों में देवी-देवता का संचार होने का प्रमाण अधिक दिखाई देता है।

मानसिक विवशता और उससे ढहनेवाला मन का संतुलन यही देवता संचारित होने का कारण है। अपने देश में स्त्रियों का परिवार में दोयम स्थान

होता है। उसी कारण स्त्रियाँ निरन्तर तनाव में रहती हैं।

बच्चा न होने का कारण स्त्री का दोष माना जाता है। बेवा होने के लिए स्त्री को ही जिम्मेदार ठहराया जाता है। पिछड़ी जाति की और गरीब घर की स्त्रियाँ तो पूरी तरह से पराधीन होती हैं। वे शिक्षित नहीं होती हैं।

स्त्रियों को लैंगिक दबाव में जीना पड़ता है। विधुर अन्य स्त्री से सम्बन्ध रख सकता है लेकिन विधवा को वह स्वतंत्रता नहीं होती है। सभी की पैनी नजरें उसे काबू में रखना चाहती हैं। इसी कारण अतृप्त लैंगिक वासना से मन में आनेवाला तनाव पुरुषों से अधिक स्त्रियों में होता है।

कुदरत ने पुरुषों से अधिक स्त्री पर मातृत्व की जिम्मेदारी रखी है। गर्भावस्था में स्त्रियों की शारीरिक और मानसिक दशा में बदलाव होते हैं। निरन्तर होनेवाले प्रसव के कारण उनकी स्थिति पूर्ववत नहीं होती है। मन की दुर्बल दशा में मानसिक चोट पहुँचाने वाली घटना घटित होने पर देवी-देवता संचारित होने के लिए पूरक स्थिति तैयार होती है और यह इस प्रकार शुरू होती है :

देवी-देवता संचारित होनेवाली स्त्री को देखकर ही स्त्रियों में देवी-देवता संचारित होते हैं ऐसा देखनेवाली स्त्रियों का विचार बन जाता है। इसी कारण पुरुषों से अधिक स्त्रियों में देवी-देवता संचारित होने की घटनाएँ अधिकतर दिखाई देती हैं।

स्त्रियों में देवी-देवता का संचारित होना, यह प्रकार सामाजिक और सांस्कृतिक दृष्टि से स्वीकृत है। स्त्रियों में देवी-देवता का संचार होना गैर नहीं माना जाता। इसी सामाजिक स्वीकृति के कारण या आसपास के परिवेश के प्रभाव से स्त्री सम्मोहन अवस्था में जाती है। लेकिन देखनेवाले लोग उसके शरीर में देवी-देवता का संचार हुआ ऐसा मानते हैं।

(अ) शरीर में देवी-देवता संचारित हुई स्त्री को हाथों पर अग्नि लेकर उसे खाते समय हमने देखा है। उसी प्रकार खाली हाथों से ये स्त्रियाँ कुमकुम निकालती हैं। हलदी का कुमकुम और कुमकुम का अबीर सभी के सामने निकालती हैं।

(आ) शरीर में देवी-देवता संचारित कुछ व्यक्ति नदी में उलटे खड़े रहते हैं। माता की शक्ति के बगैर यह कैसे सम्भव है?

(अ) शरीर में देवी-देवता संचारित होने से प्रभावित स्त्री का अग्नि से खेलना, खाली हाथों से कुमकुम निकालना या अन्य चमत्कार करने के लिए माता की शक्ति की आवश्यकता नहीं।

शरीर का कोई भी अवयव तीन सेकंड से अधिक अग्नि के समीप रहने पर ही जलने से वेदना होती है। हाथों पर अग्नि लेनेवाली स्त्री जलता हुआ कपूर इस हाथ से उस हाथ में नचाती है। उससे हाथों की खाल तीन सेकंड से कम अग्नि के समीप रहती है। इससे हाथ जलता नहीं। हमारे सहयोगी युवक-युवती अग्नि खाने का प्रयोग आसानी से करते हैं। इसके लिए ईश्वरीय शक्ति की आवश्यकता नहीं।

खाली हाथों से कुमकुम निकालना यह हाथ की सफाई है। कुमकुम की गोली को उँगलियों में छिपाकर रखा जाता है और शरीर में देवी-देवता संचारित होने पर हथेली पर लाकर वह फोड़ी जाती है। स्त्रियाँ अन्य तरकीबों का भी प्रयोग करती होंगी। छिपाया कुमकुम निकाल सकते हैं। कुमकुम का दैवी शक्ति से निर्माण करना असम्भव है।

हलदी का कुमकुम या कुमकुम का अबीर बनाना यह रासायनिक तरकीब है। हलदी में चूना या निरमा पाउडर मिलाने पर हलदी लाल हो जाती है। कुमकुम में निरमा पाउडर मिलाने पर कुमकुम काला पड़ता है। यह रासायनिक प्रक्रिया है; यह देवी नहीं करती। हलदी का कुमकुम बनाने वाली स्त्री को अपने पास से हलदी देने पर और उसके हाथ जाँचकर, धोकर हाथों में अल्कली द्रव नहीं, इसकी जाँच कर लेने पर यह चालाकी शरीर में देवी-देवता संचारित होने से प्रभावित स्त्री कर नहीं पाएगी।

(आ) शरीर में देवी-देवता संचारित होने पर व्यक्ति नदी में उलटा खड़ा रहता है, इसकी जाँच होनी चाहिए। ऐसी जाँच नहीं हुई है। कम पानी में जितने समय तक दम न घुटे नाक पानी में रख सकेंगे, उतने समय तक ही ऐसा व्यक्ति जल में उलटा रह सकता है; ज्यादा समय नहीं।

शरीर में देवी-देवता संचारित होने से छोटी बच्चियों ने संस्कृत गीता झट से सुनाई, इस प्रकार के उदाहरण हमने समाचार-पत्रों में पढ़े हैं। इसमें कितनी सचाई है?

इंडोनेशिया के जाकार्ता शहर में रहनेवाली एक मुस्लिम स्त्री का गर्भ कुरान के वचन बोलता है; ऐसा समाचार वहाँ के समाचार-पत्रों में प्रकाशित हुआ। इसकी जाँच इंडोनेशिया के कुछ डॉक्टरों ने कर दी; उन्हें वह सच प्रतीत हुआ। लेकिन इंडोनेशिया के एक वैज्ञानिक को इस चमत्कार की पुन: जाँच करने पर दिखाई दिया कि स्त्री ने पेट पर तकिये के नीचे छोटा टेपरिकॉर्डर छिपाया था और तकिया लंबे कुरते के कारण दिखाई नहीं दे रहा था।

संस्कृत गीता बोलने के चमत्कार के पीछे ऐसे ही प्रकार की ठगाई हो सकती है। जाँच करनेवाले पत्रकार या अन्य लोग शरीर की समूची जाँच नहीं करते हैं। इस प्रकार की जाँच करने पर धोखाधड़ी का मामला सामने आ जाता है।

जिस समय धोखाधड़ी की बात नहीं होगी, उस समय यह बात कैसे घटित होती होगी? हम पढ़ी या सुनी एकाध बात पूरी तरह से भूल चुके होते हैं। मगर एकाध प्रसंग के अवसर पर अक्सर उस बात का आधा-अधूरा स्मरण होता है। वह बात हमारे जेहन में कब दर्ज की गई; इसका स्मरण होता ही है, ऐसा नहीं। विस्मरण में होनेवाली कुछ इसी प्रकार की संस्कृत पंक्तियाँ व्यक्ति को स्मरण होना आसानी से सम्भव है। उक्त पंक्तियाँ अर्थ के सिवा मस्तिष्क में दर्ज हुई होंगी तो व्यक्ति को उनका स्मरण होगा ही, लेकिन उस वक्त भी केवल स्मरण होगा, उनका अर्थ व्यक्ति नहीं समझ पाएगा। किन्तु सम्बन्धित व्यक्ति को ये संस्कृत पंक्तियाँ सुनने की जानकारी न होने के कारण और उस व्यक्ति को संस्कृत न आने के कारण इस प्रकार का स्मरण होना लोगों को ईश्वरीय चमत्कार प्रतीत होता है। वास्तव में यह स्मरण-विस्मरण की आम घटना है।

नवरात्रि में शरीर में देवी-देवता संचारित होने से, तल्लीन होकर स्त्रियाँ नाचती हैं। उनके शरीर में वाकई ईश्वरीय संचार होता है? सालभर में

अन्य समय वह क्यों नहीं होता? हमारे गाँव के मेले में प्रतिष्ठित, शिक्षित स्त्रियों के शरीर में देवी-देवता संचारित होते हैं। अन्य समय ऐसा कभी नहीं होता। क्या इसके पीछे ग्रामदेवता की ईश्वरीय शक्ति होगी?

भीड़ में व्यक्ति निडर बनता है। डरपोक व्यक्ति आन्दोलनों में शूर बनता है। नवरात्रि या मेले के समय उस स्थान पर भीड़ होती है। भीड़ में घूमनेवाली स्त्रियों को देख कभी शरीर में देवी-देवता संचारित न होने वाली स्त्रियाँ भी अभुआने लगती हैं।

यात्रा के समय संगीत, अगरबत्ती के धूप की सुगंध आदि से अभुआने के लिए वातावरण निर्माण हुआ होता है। माता की मूर्ति सजाई होती है। उसका भी परिणाम होता है। संगीत और जोशीला वातावरण अभुआने के लिए यात्रा के समय सहायक साबित होता है।

शरीर में देवी-देवता संचारित होने से स्त्री इस समय गागर फूँकती है। (आश्विन शुक्ल अष्टमी की रात को महालक्ष्मी की पूजा करके उसके सामने खाली गगरी में आवाज के साथ फूँककर नाचने की एक रस्म।) उच्छ्वास के द्वारा छोड़ा गया कार्बन डाइऑक्साइड गागर में फूँकने पर गागर में जाता है। वही श्वासों के माध्यम वापस खींचा जाता है। यह क्रिया बार-बार होने पर गागर फूँकनेवाली, शरीर में देवी-देवता संचारित स्त्री के खून में कार्बन डाइऑक्साइड की मात्रा बढ़ती है, जो जोश लाने में सहायक होती है।

प्रतिष्ठित, शिक्षित स्त्रियों के शरीर में देवी-देवता संचारित होने में अस्वाभाविक कुछ भी नहीं है। ये स्त्रियाँ भी मानसिक तनाव में होती हैं। अमीर, शिक्षित स्त्रियों के लैंगिक दृष्टि से असंतुष्ट होने की भी सम्भावना होती है। बच्चा न होना, या लड़का न होना यह भी उनके बारे में घटित होता है। प्रतिष्ठा से प्राप्त अकेलापन उन्हें असह्य होना सम्भव होता है। इस कारण भीड़ के मानसशास्त्र; सुरीले संगीत के वातावरण के प्रभाव से ऐसी स्त्रियों का अभुआना आसानी से सम्भव होता है।

नवरात्रि या गाँव के मेले के समय शरीर में देवी-देवता संचारित होना या अभुआना कई स्थानों पर सांस्कृतिक दृष्टि से स्वीकृत होता है। इसे गलत नहीं

माना जाता अपितु परम्परागत श्रद्धा का, पूजा का प्रकार समझने की सम्भावना होती है।

इससे यह स्पष्ट हो जाता है कि ग्रामदेवता की शक्ति का इससे कोई सम्बन्ध नहीं।

बड़े-बड़े शहरों में भी जगह-जगह पीर तैयार हो रहे हैं। उसका कब्जा धर्मांध मुसलमानों के पास जाता है। वहाँ वे तावीज, झाड़-फूंक कर युवा, बहुसंख्य हिन्दू स्त्रियों को अभुआने के लिए विवश करते हैं, इसमें सचाई है?

उपर्युक्त प्रश्न सुनी हुई झूठी जानकारी पर आधारित लगता है। जानकारी इकठ्ठा करें तो इस तरह के पीर महाराष्ट्र में बड़े पैमाने पर तैयार हो रहे है, यह बात सच नहीं।

जिस स्थान पर स्त्री के शरीर में देवी-देवता संचारित होते हैं, ऐसे स्थान हिन्दुओं के भी हैं। नांदेड जिले में भानमती संचारित होने वाले कई गाँव हैं। गाणगापुर में तो शरीर में देवी-देवता संचारित होने से या भूत से बाधित व्यक्ति का इलाज करने का हिन्दुओं का बहुत बड़ा स्थान है।

युवा स्त्रियों को अभुआने पर मजबूर करनेवाले जैसे मुस्लिम मांत्रिक हैं; उसी प्रकार हिन्दू पुजारी, ओझा भी हैं। स्त्रियों का यौन शोषण करने में जाति-धर्म बाधा नहीं बनता। यहाँ सर्वधर्म समभाव स्वीकार किया जाता है।

युवा स्त्रियों को फँसाने की घटना पीर के स्थान पर हो, दरगाह में या देवालय में, गलत ही समझनी चाहिए। यह कहीं पर भी घटित हो; उसका मानवी दृष्टिकोण से विरोध ही करना चाहिए; धर्म के तौर पर नहीं।

आत्मा, पुनर्जन्म, प्लैंचेट

पुनर्जन्म से बारे में मराठी और अंग्रेजी में अधिक ही विश्वसनीय प्रमाण देनेवाली जानकारी पढ़ने को मिलती है। पुनर्जन्म कैसे मिलता है?

समाचार-पत्र चलाना एक व्यवसाय है। व्यावसायिक लोग सत्य से अधिक व्यवसाय को महत्त्वपूर्ण मानते हैं। अज्ञान पर आधारित रूढ़ि-परम्परा कालबाह्य होने पर भी अधिकांश लोग इन परम्पराओं को मानते होंगे; तो समाचार-पत्र इन रूढ़ियों के विरोध में खबर छापते नहीं। इसके विपरीत इन बेकार परम्पराओं को सँभालनेवाले लोग समाचार-पत्र के विश्व में अपना प्रभाव जमाते हैं। 'किर्लोस्कर' के जैसे कुछ अपवादात्मक मासिक और गिने-चुने समाचार-पत्र, सचाई को प्रधानता देते हैं, जिनकी संख्या काम है।

पुनर्जन्म के बारे में लोगों में जिज्ञासा होती है। पुनर्जन्म सम्बन्धी खबर पढ़ने में लोगों की रुचि होती है। निश्चित खपत के माल के तौर पर समाचार-पत्र इन समाचारों को अधिक रंग देते हैं। ऐसे समाचार-पत्रों की घटनाओं की उचित जाँच करें तो झूठी खबरों की कच्ची कड़ी सामने आ जाती है। पुनर्जन्म का दावा करनेवाला व्यक्ति और उसके इस जन्म का तथा पुनर्जन्म के परिवार का पहले का सम्बन्ध होने की बात साफ हो जाती है। जन्म, मृत्यु, विवाह सम्बन्धी बातों में और पुनर्जन्म हुए व्यक्ति द्वारा किए गए वर्णन में बेमेल दिखाई देता है। नाममात्र के विश्वसनीय प्रमाणों में सचाई न होने की बात सामने आ जाती है।

राजस्थान विश्वविद्यालय ने पुनर्जन्म की 700 घटनाओं का अध्ययन किया।

इस अध्ययन से कुछ भी लाभ नहीं हुआ। इसी कारण यह विभाग ही बंद कर दिया गया।

पुनर्जन्म सम्भव नहीं क्योंकि शरीर के बगैर जीव की कल्पना ही असम्भव है।

मृत्यु के बाद रूह का क्या होता है?

मृत्यु के बाद रूह पीछे शेष नहीं रहती है। शरीर का नाश होने पर सब खत्म हो जाता है। इसी का मतलब रूह नहीं होती है। जलती मोमबत्ती और सचेत शरीर की तुलना में शरीर से रूह अलग नहीं, यह समझने में आसान है। मोमबत्ती जलती है तब मोमबत्ती से निकलनेवाले कार्बन का हवा में स्थित ऑक्सीजन से सम्पर्क होता है। इस रासयनिक प्रक्रिया से रोशनी और ऊर्जा ये दो ऊर्जाएँ निर्माण होती हैं। मोमबत्ती की लौ यानी ऑक्सीजन और कार्बन के मेल का दृश्य स्वरूप।

जलनेवाली मोमबत्ती को ऑक्सीजन न मिलने पर या ज्वलनशील कार्बन के खत्म होने पर मोमबत्ती की लौ बुझ जाती है। यह लौ नष्ट होना यानी वह मोमबत्ती उड़कर दूसरी ओर गई ऐसा समझना हास्यास्पद साबित होगा। पास में रखी दो मोमबत्तियों में से एक जल रही है और दूसरी नहीं जल रही ऐसा मान लें। पहली मोमबत्ती बुझने पर दूसरी जलाने पर पहली मोमबत्ती की लौ दूसरी में आ गई ऐसा हम मान सकते हैं?

अपने शरीर में साँस द्वारा लिए गए ऑक्सीजन का अन्न रस से रासायनिक मेल होता है। यह धीमा ज्वलन पूरे शरीर में ऊर्जा निर्माण करता है। इस क्रिया का दृश्य स्वरूप यानी जिंदापन। उक्त धीमा ज्वलन थम जाने पर जीवन वहीं पर खत्म होता है। जिस प्रकार एक मोमबत्ती की लौ उड़कर दूसरी में आ जाती है उसे मानना गलत है, उसी प्रकार एक व्यक्ति की मृत्यु के बाद उसकी आत्मा उड़कर दूसरे शरीर में प्रवेश करती है या सीधी स्वर्ग में जाती है या पिशाच बनकर भटकती रहती है; इसे मानना मजाक साबित होगा।

मनुष्य शरीर में निर्माण होनेवाली ऊर्जा का दृश्य आविष्कार यानी मनुष्य का जिंदापन। विज्ञान का एक नियम है—There can't be energy without Matter। पदार्थ के बिना ऊर्जा का अस्तित्व सम्भव नहीं। विद्युत घट (सेल) में

बिजली होती है। जलनेवाले पदार्थ के बगैर गरमी निर्माण नहीं होता। जहाँ दीया वहाँ रोशनी। दीये के बिना रोशनी नहीं, सेल के बगैर या जनरेटर के बिना बिजली नहीं, उसी प्रकार शरीर नहीं तो रूह का अस्तित्व भी नहीं।

आत्मा नहीं होगी तो मनुष्य का मन क्या है? क्या मन केवल शरीरशास्त्रीय सत्य है?

हाँ, मन केवल शरीरशास्त्रीय सत्य है। शरीर के बगैर मन सम्भव नहीं। दया, करुणा, विवेक, राग, लोभ, प्रेम, स्मृति, कल्पना, तर्क आदि सभी मन के आविष्कार हैं। यह मन यानी क्या? वह शरीर में कहाँ होता है?

उपर्युक्त प्रश्न के वर्णन के अनुसार खून में सिंचित अन्न रस और ऑक्सीजन के मेल से पूरे शरीर में धीमा ज्वलन शुरू होता है। इस ज्वलन से ऊर्जा निर्माण होता है। उक्त क्रिया शरीर की अनगिनत पेशियों में शुरू होती है। हर पेशी जीवित होती है। पेशी में जान होती है। पेड़ों में जान होती है। कीटकों में जान होती है, मनुष्य में जान होती है, तो इसमें अन्तर क्या है? जान के साथ मन का होना इसका मतलब क्या है?

पेड़ों में चेतासंस्था और मस्तिष्क नहीं होता है। जानवरों में चेतासंस्था और मस्तिष्क होता है। जिनमें मस्तिष्क और चेतासंस्था है, उन्हें मन होता है। पेड़ों में मन नहीं होता है।

चेतासंस्था और मस्तिष्क कितना विकसित है, इसी के तहत मन का स्तर तय होता है। कीटकों की चेतासंस्था पूरी तरह से विकसित नहीं होती है। उत्क्रांति के विभिन्न चरणों से चेतासंस्था विकसित होती हैं। इस अर्थ से कीटक, जानवरों में मन होता है। मगर वह पूर्णावस्था में नहीं होता है।

मस्तिष्क के विस्तार के परिमाण पर मन का विकास आधारित होता है। मनुष्य का मस्तिष्क अन्य प्राणियों से बड़ा है। इसी कारण मनुष्य मन विकसित है।

मस्तिष्क में भिन्न-भिन्न स्थानों पर केन्द्र होते हैं। विशेष केन्द्र विशेष प्रकार का मानसिक आविष्कार करता है। विभिन्न जज्बातों के केन्द्र, स्मृति केन्द्र आदि मस्तिष्क के विभिन्न भागों में होते हैं। उक्त केन्द्र उत्तेजित होने पर प्रेम, राग,

हर्ष आदि भावनाओं का आविष्कार होता है। इस अर्थ से मन को मस्तिष्क की प्रक्रिया कह सकेंगे।

मनुष्य का मन निश्चित स्थान पर शरीर में होता है ऐसा नहीं कह सकते। मन एक अमूर्त कल्पना है। भारत सरकार कहाँ पर है इस प्रश्न का उत्तर आप क्या देंगे? पार्लियामेंट, विभिन्न राज्यों की विधानसभा, रेल, पोस्ट, टेलीफोन, जिलाधीश, तहसीलदार, सुरक्षा मंत्री आदि सभी के मेल से भारत सरकार बनी है। हर भारतीय मनुष्य भारत सरकार है। विभिन्न स्थानों से दिल्ली में संदेश जाते हैं। देश में कोई घटना घटित होती है तो उसका असर पूरे देश में दिखाई देता है। दिल्ली से प्रतिसंदेश आते हैं और देश में विभिन्न स्थानों पर चेतना के आविष्कार घटित होते हैं। उसी प्रकार मनुष्य शरीर में घटित होता है। विद्युत रासायनिक संवेदनाओं के द्वारा मस्तिष्क और शरीर के विभिन्न पेशी गुटों में संदेशों का आदान-प्रदान होकर शरीर की हलचल या मानसिक आविष्कार घटित होते हैं। इस अर्थ से मन शर्रीर में सभी ओर प्रतीत होता है।

मस्तिष्क पेशियों के द्वारा समूचे शरीर में घटित होनेवाली विद्युत रासायनिक प्रक्रिया समूचे शरीर की पेशियों में ही घटित होती है, इसी कारण मन पेशी प्रक्रिया का आविष्कार है। पेशियों की ऊर्जा निर्माण करने की प्रक्रिया रुकने पर मन भी खत्म होता है।

उपर्युक्त विवेचन से मन शरीर से स्वतंत्र नहीं है; शरीर के साथ आता है वैसे शरीर के साथ खत्म हो जाता है; इसे जानकार समझ ले।

विश्व के सभी धर्मों ने मृत्यु के बाद का अस्तित्व; आत्मा का पुनर्जन्म इन बातों को माना है। वे झूठ कैसी होंगी?

धर्म का अंदाजन दो-तीन हजार सालों का इतिहास है। जिस काल में मनुष्य ने धर्म का निर्माण किया, उस काल में मनुष्य का ज्ञान अपूर्ण था। प्रकृति या विस्तृत विश्व का ज्ञान केवल कल्पना विलास से धर्मांधों ने निर्माण किया है। सूक्ष्म निरीक्षण, अनुभव, तर्क, प्रयोग के निश्चित निष्कर्षों पर धर्म कल्पना निर्माण नहीं हुई। बाइबल में विश्व रचना की कल्पना कैसी है? पृथ्वी विश्व का केन्द्र है।

सूर्य, चंद्र और अन्य तारे पृथ्वी के आवर्तन में घूमते हैं। पृथ्वी स्थिर है। आसमान के सूर्य, चंद्र आदि गोलाकार चिकने हैं। उनकी तादाद कायम है। गॅलिलिओ के दूरबीन का प्रयोग करने पर सूर्य के धब्बे दिखने लगे। चाँद खुरदरा है यह ज्ञात हुआ। बृहस्पति के आवर्तन में उपग्रह का अस्तित्व दिखाई दिया। शुक्र को छटा होती है, यह समझ में आया। धर्मग्रंथों में वर्णित आसमान के इन आवर्तनों के वर्णन में दूरबीन से हमें झूठ समझ में आया। आज पृथ्वी सूर्य के आवर्तन में घूमती है, यह सचाई हमने स्वीकार की है। भूतकाल के मस्तिष्क और निरीक्षण साधनों की सीमाओं के कारण विभिन्न धर्मों की कल्पनाएँ आज खोखली होने की बात हम निश्चित रूप से कह सकते हैं। इसी आधार पर मृत्यु के बाद का अस्तित्व और आत्मा का पुनर्जन्म यह कल्पना सच नहीं है, ऐसा आज ज्ञान के आधार पर हम बता सकते हैं।

पुनर्जन्म और मृत्यु के बाद का रूह का अस्तित्व यह बात सच न होने कारण ही विभिन्न धर्मों की इस संदर्भ की कल्पनाएँ समान नहीं हैं। हिन्दू लोग पुनर्जन्म और 84 लक्ष योनियों से जीव घूमने की बात को स्वीकारते हैं। मुसलमान और ईसाई लोग इस प्रकार पुनर्जन्म स्वीकार नहीं करते हैं। मुस्लिम धर्म के अनुसार मृत व्यक्ति का कयामत के समय इन्साफ होता है। ईसाइयों में The Day of Judgement के वक्त रूह का क्या होगा यह तय होता है। विभिन्न धर्मों की इन भिन्न कल्पनाओं को समझ लें तो रूह नहीं होती वह केवल कल्पना-विलास है यह ज्ञात होता है।

विज्ञानपूर्व काल में, मनुष्य की मृत्यु का दुख और उससे मृत्यु के बाद के अस्तित्व के बारे में वर्णित कल्पना-विलास उस काल की ज्ञान की सीमा के अनुसार आसानी से सम्भव था। मगर आज के वैज्ञानिक निष्कर्षों पर उक्त कल्पना-विलास खरा नहीं उतरता है।

अंत्येष्टि के दसवें दिन मृतक के नाम से बनाए पिंड को कौए का छूना यह कैसे घटित होता है? पुनर्जन्म नहीं है तो मिलनेवाले जन्म के जीव-जंतु के निशान आटे में कैसे दिखाई देते हैं?

समग्र जीवन संतुष्टता से जीने के बाद कोई भी अतृप्त इच्छा शेष न रखकर यदि व्यक्ति की मृत्यु हुई तो उसके पिंड को कौआ तुरन्त छूता है। अधूरी इच्छा या वासना शेष रखकर एकाध व्यक्ति की मृत्यु हुई तो कौआ पिंड को छूता नहीं। वह इच्छा पूरी करने का वादा रिश्तेदारों द्वारा करने पर ही कौआ पिंड को छूता है, यह अंधविश्वास है।

ईमानदारी से विचार करने पर मरनेवाली व्यक्ति एक या कई इच्छाएँ शेष रखकर ही मर जाता है। अंत तक कोई भी सन्तुष्ट नहीं होता है। बुढ़ापे में खुद से कामक्रीड़ा करना सम्भव न होने के कारण ययाति अपने बेटे की युवावस्था माँग लेता है। ययाति मनुष्य की अतृप्त वासनाओं का प्रतिनिधि है। "मैं अब चैन से मरता हूँ, राजा महफूज किले पर पहुँचे" ऐसा कहते हुए मरनेवाले बाजीप्रभू हजारों में एक होते हैं। इसका मतलब यह कि एकाध अपवाद छोड़ें तो हर मृतक व्यक्ति के संदर्भ में पिंड को कौआ नहीं छूता है। किन्तु प्रत्यक्ष निरीक्षण में यह दिखाई नहीं देता है। अधिकांश व्यक्तियों के बारे में कहा यही जाता है कि पिंड को कौआ तुरन्त छूता है।

मैंने इस बारे में 20 मृतक व्यक्तियों की पिंड की घटनाओं का निरीक्षण किया है। उसमें बिलकुल युवावस्था में दुर्घटना से मृत व्यक्ति, छोटे बच्चे पीछे छोड़कर बीमारी से मरे हुए व्यक्ति, लड़की का विवाह पक्का करने का प्रयास शुरू था तभी मृत हुए पिता आदि प्रकार के व्यक्ति थे। इन सभी मामलों में पिंड को कौए के झट से छूने का मेरा निरीक्षण है। इसी आधार पर जानकारों को उचित निष्कर्ष निकालना चाहिए।

कई बार कौआ पिंड को तुरन्त छूता है तो कभी देर से छूता है ऐसा क्यों घटित होता है? इसका मृत आत्मा की इच्छा से कोई भी सम्बन्ध नहीं। कौए जैसे गंदे पंछी के रूप में हमें प्रिय व्यक्ति का...उक्त कल्पना हास्यास्पद है।

कौआ अन्य पंछियों की तुलना में निडर है। वह सभी ओर दिखाई देता है। श्मशान भूमि के आसपास आदती कौए होंगे, तो पिंड के आसपास के मनुष्य हमें भगाते नहीं इसे वे अनुभव से समझ गए होते हैं। इसी कारण वे झट से पिंड को छूते हैं। शहर के श्मशानों में उक्त अनुभूति मिलती है। शहर के नजदीक अन्य खाद्य पदार्थों की कमी होने के कारण ऐसे स्थान के कौए के अधिक भूखे होने

की सम्भावना होती है। इसी कारण पिंड को तुरन्त छूना घटित होता है। देहातों में कौए को ज्वार, मक्का आदि पदार्थ खाने को मिलते हैं। ऐसे कौए भूखे नहीं होंगे तो वे पिंड को छूने की जल्दबाजी क्यों करेंगे? और मौत की घटनाएँ देहातों में कम होने से श्मशान भूमि में डेरा जमाने का कारण क्यों? आदत न होनेवाले कौए पिंड के पास आते हैं। उन्हें लोगों का डर होता ही है। नजदीक बैठे लोगों से डरकर वे तुरन्त उड़कर दूर जाते हैं। इन लोगों के दूर जाकर बैठने पर वे खतरा न होने की बात जानकर पिंड को छूते हैं।

पिंड को कौए का छूना यह प्रकार मुस्लिम, ईसाई आदि धर्मों में नहीं है। इस धर्म के सभी व्यक्ति मरते समय सन्तुष्ट होते हैं?

मरते समय पिंड पर अगले जन्म के जीव-जंतु का निशान अंकित हो जाता है, यह सत्य नहीं। आटे पर चींटा या अन्य कीटक रेंगने से जो निशान अंकित होता है उसे जीव-जंतु समझने का हमारा भ्रम होता है। आटा लिपे हुए सूप में रखा होगा तो लिपा हुआ सूप सूखते वक्त पपड़ियाँ निकलती हैं। उससे आटे के पृष्ठभाग पर ऊँचाई या गड्ढा तैयार होता है। उससे जीव-जंतु के निशान की कल्पना की जाती है।

जीवित व्यक्ति से अधिक मृत व्यक्ति का वजन कम पाया गया। काँच के बंद पिटारे में रखे मरणोन्मुख व्यक्ति के मरते समय काँच तड़क जाता है ऐसा हमने पढ़ा है। यह कम हुआ वजन रूह का था। बंद काँच का पिटारा तड़क गया क्योंकि उससे मृत व्यक्ति की आत्मा बाहर गई, ऐसा बताया जाता है। यह सच है या झूठ?

समाचार-पत्रों में और विभिन्न पुस्तकों में छपी कहानियाँ सच भी होती हैं और झूठ भी। इन कथाओं की सचाई और झूठ को छापनेवालों ने जाँचकर देखा होता है, ऐसा नहीं। इसलिए केवल समाचारों में या पुस्तक में छपने से एकाध घटना सच साबित नहीं होती।

'ब्लिट्ज' में डॉ. भगवंतम् ने सत्य साईंबाबा के जापानी सिको कम्पनी की घड़ी के मालिक से मिलते समय उसके हाथों पर हवा में से निकली नई

सिको घड़ी देने के चमत्कार का वर्णन किया था। इस चमत्कार की जाँच डॉ. कोवूर द्वारा करने पर उपर्युक्त चमत्कार की कथा झूठी होने की बात साबित हुई।

दत्ता बाल अपने प्रवचन में प्रेम प्रक्षेपण से गुलाब में फूल लगते हैं, यह खोज एक जापानी वैज्ञानिक द्वारा करने की बात बताते थे। ऐसी महत्त्वपूर्ण खोज वनस्पतिशास्त्र के विश्वकोश में दर्ज होनी चाहिए। श्री. दि. के. बेडेकर के समूचा विश्वकोश जाँचकर देखने पर भी इस प्रकार की खोज का कहीं पर भी जिक्र नहीं मिला।

ऊपर वर्णित घटनाओं का विश्वकोश में कहीं पर भी जिक्र नहीं है। ये केवल फिजूल कथाएँ हैं। इन काल्पनिक वृत्तान्तों की भरमार धार्मिक ग्रंथों में पढ़ने को मिलती है। शरीर में रूह नहीं होती है; इससे मृत शरीर का वजन कम होना या पिटारा फोड़कर बाहर आने का प्रश्न ही नहीं है।

प्लैंचेट की सहायता से मृतात्मा का आवाःहन कर सकते हैं और जानकारी प्राप्त कर सकते हैं, यह सच है?

अंधविश्वास निर्मूलन समिति के कार्यकताओं को विभिन्न प्रकार के प्लैंचेट के अनुभव हैं। प्लैंचेट करना फरेब है, यही निष्कर्ष जाँच के अंत में आता है।

प्लैंचेट करते समय वर्ण और अंक चित्रित की हुई चिकनी तख्ती या बोर्ड पर उँगलियों से सरक सके ऐसी गोलमटोल चीज रखी होती है। जैसे, काँच का गिलास, बॉल बेअरिंग से युक्त लकड़ी आदि।

जिस व्यक्ति के रिश्तेदारों की रूह को बुलाना है, उसे अपनी उँगली गोलमटोल चीज पर रखनी होती है। प्लैंचेट करनेवाले एक या दो व्यक्ति होते हैं। वे अपनी उँगलियाँ प्लैंचेट वस्तु पर रखते हैं। प्लैंचेट करनेवाले कुशलता से उस वस्तु पर इस प्रकार जोर देते हैं कि मनचाहे वर्ण की ओर प्लैंचेट वस्तु सरक जाए। तुम सकुशल हो? इस प्रकार का प्रश्न रूह से पूछा जाता है और उत्तर 'नहीं' देना होता है तो प्लैंचेटवाले इसी क्रम वर्णक्रम से प्लैंचेट वस्तु सरकाते हैं। उँगलियों के जोर का उपयोग इस फरेब में इस प्रकार किया जाता है।

स्वर्ग या पृथ्वी पर भटकती रूह हवा या आकाश में से आसानी से संचार कर सकती है तो प्लैंचेट (गिलास या लकड़ी) में प्रवेश करने के लिए उसे उँगलियों का सहारा क्यों चाहिए?

प्लैंचेट करनेवाले व्यक्ति को उँगलियाँ सीधी न रखकर प्लैंचेट वस्तु पर उलटी रखने को कहेंगे तो गिलास को धकेलना सम्भव नहीं होगा। रूह प्लैंचेट में आने के लिए उँगलियों का छूना काफी होगा तो उलटी उँगलियों से प्लैंचेट क्यों नहीं कर सकते?

बल के प्रयोग के बगैर वस्तु हिलती नहीं, यह भौतिक सचाई है। उँगलियों द्वारा बल देकर की हुई हाथ की सफाई यानी प्लैंचेट। प्लैंचेट में रूह नहीं आती हैं। कारण रूह होती ही नहीं। इसी कारण जिस व्यक्ति का प्लैंचेट पर यकीन नहीं, ऐसे तीन व्यक्तियों को प्लैंचेट करने बिठाएँ तो उनके छूने से प्लैंचेट वस्तु कभी भी हिलती नहीं।

प्लैंचेट की सहायता से जानकारी प्राप्त कर सकते हैं। हमारे प्रश्नों के उत्तर उचित मिलते हैं; यह कैसे?

ऐसा मान लीजिए कि एक व्यक्ति की लाडली बेटी मृत हुई है। उसकी आत्मा को प्लैंचेट पर बुलाया है। ऐसी रूह को निम्न प्रकार के प्रश्न पूछे जाते हैं।

बेबी तुम सकुशल हो?

प्लैंचेट वस्तु 'नहीं' या 'हाँ' इन वर्णों पर ही घूमेगी। इस प्रकार का घूमना प्लैंचेट करनेवाले तय करते हैं। यदि 'हाँ' यह उत्तर आया तो...

तुम कहाँ हो?

पृथ्वी पर ही।

मोक्ष प्राप्त हुआ?

नहीं।

इन उत्तरों को यदि हम उचित उत्तर प्राप्त हुए ऐसा समझने लगे तो यह पागलपन ही होगा। रूह सकुशल है या दुखी है; स्वर्ग में है या नरक में इसे कैसे जाँच सकते हैं? प्लैंचेट करनेवाले सामने होने वाले व्यक्ति की मानसिकता का जायजा लेकर उसी के अनुसार उत्तर तय करते हैं और वे हमें सच ही प्रतीत होते हैं।

प्लैंचेट से अचूक जानकारी प्राप्त कर सकते हैं और प्रश्नों के उत्तर उचित आ रहे हों तो निम्न प्रकार से इसकी जाँच कर सकेंगे :

दस चीजें दस स्थानों पर हम छिपाकर रखेंगे। प्लैंचेटवालों को उक्त चीजें कौन-सी और किस स्थान पर हैं इसे मृतात्मा को बुलाकर पहचानना होगा।

प्लैंचेट करनेवाले तथा उनके सहयोगी के बगैर निरीक्षण समिति के लोग प्लैंचेट करनेवालों के स्थान पर बिठाकर उत्तर माँग लें।

प्लैंचेट करनेवाले इस बात के लिए राजी नहीं होते हैं, ऐसा हमारा अनुभव है। कारण, जिन प्रश्नों के उत्तर जाँच सकते हैं, ऐसे प्रश्नों के प्राप्त उत्तर का अचूक साबित होना सम्भव नहीं, इसका उन्हें यकीन होता है।

प्लैंचेट से जानकारी हासिल करना सम्भव हो तो सरकार इस प्रकार के प्लैंचेट करनेवाले विद्वान को सी.आई.डी. के प्रमुख पद पर नियुक्त करे। सरकार का खर्चा कम हो जाएगा और आतंकवादियों की सूची प्राप्त करने के लिए एकाध प्लैंचेट वाला सरकार की सहायता कर सकेगा।

भानमती

भानमती किसे कहते हैं?

शरीर या कपड़ों पर भिलावाँ के चिह्न निकलना, घर की वस्तुओं का अपने स्थान पर अपने आप हिलना, बंद अलमारी से चीजें बाहर आना, वस्त्रों का अपने आप जलना, घर में पाखाना पड़ना, रुपए गायब होना, घर के पदार्थ कड़ुए-खारे होना, आँखों से काँच, पत्थर, सूई निकलना, ये सब बातें भानमती का प्रभाव समझी जाती हैं।

भानमती के कारण कभी अच्छी बात घटित नहीं होती है। भानमती के कारण कुएँ में जल आना, दुर्घटनाओं से बच गए, बेटी की शादी पक्की हो गई, लॉटरी लगना ऐसा कभी भी नहीं होता है।

मराठवाडा में स्थित आंध्र प्रदेश के नजदीक का भाग (नांदेड़, परभणी जिले) आंध्र प्रदेश और कर्नाटक के कुछ जिलों में स्त्री के शरीर में देवी का संचार होने के प्रकार को भानमती कहते हैं। यहाँ के कई गाँवों में बड़ी तादाद में इस प्रकार के मरीज दिखाई देते हैं। इसकी जाँच करने के लिए कर्नाटक और आंध्र इन दोनों राज्यों ने जाँच समिति बनाकर इस बात का विस्तृत प्रतिवेदन तैयार किया है।

महाराष्ट्र की इस मानसिक भानमती के बारे में महात्मा फुले समता प्रतिष्ठान और अंधविश्वास निर्मूलन समिति ने नांदेड, परभणी इलाकों में मानसोपचार शिविरों का आयोजन कर सहायता और मार्गदर्शन किया है, आंध्र और कर्नाटक राज्य के समान ही महाराष्ट्र में भी इस बारे में भानमती कमीशन नियुक्त करें, ऐसी माँग अंधविश्वास निर्मूलन समिति ने की है।

(प्रश्न-उत्तर के इस अध्याय में मात्र भानमती यानी पहले प्रकार की घटना की दृष्टि से ही उत्तर दिए हैं। भानमती यानी शरीर में देवी का संचार होना। इसका स्पष्टीकरण भूत बाधा, देवी का संचार इस अध्याय में मिल सकता है।)

भानमती जैसी शक्ति अस्तित्व में है? यदि नहीं है तो उसका वास्तव क्या है?

चीजें हिलानेवाली, वस्त्र जलानेवाली, घरों पर पत्थर बरसाने वाली, रुपए गायब करनेवाली इस प्रकार की भानमती नाम की शक्ति निश्चित रूप से वास्तव में ही नहीं है।

इस विषय का वास्तव निम्न प्रकार है :

कोई भी बात कार्यकारण भाव के बगैर घटित नहीं होती। उक्त बातें घटित होने के पीछे किसी ना किसी प्रकार की भौतिक, रासायनिक-यांत्रिक शक्ति का हाथ होता है, या दिशा भ्रम अथवा फरेब भी हो सकता है। इसके निर्माण की जड़ों को खोजकर, फरेब, हाथ की सफाई का भंडाफोड़ करने पर इस मामले की असलियत तुरन्त समझ सकते हैं।

असलियत यह होती है कि विफलता से ग्रस्त, घृणित, असफल व्यक्ति अक्सर भानमती के प्रति आकर्षित होता है। उक्त विफलता या असफलता को झेलने की उस व्यक्ति की कूवत नहीं होती है। उक्त असफलता हर बार उस व्यक्ति की गलतियों से ही आ चुकी होती है, ऐसा भी नहीं। इसी कारण लोगों का ध्यान आकर्षित करने के लिए हम बड़ी मुसीबत में हैं, ऐसा प्रतीत कर लोगों की हमदर्दी और स्नेह प्राप्त करने के लिए इस प्रकार की आपबीती घटनाएँ सम्बन्धित व्यक्ति से होती हैं। लोगों की हमदर्दी मिलने के जज्बात स्वाभाविक होकर भी उसे हासिल करने का यह रास्ता विकृत है। ऐसे व्यक्ति अक्सर मानसिक दृष्टि से (सायकोलॉजिकल विकृत (एबनॉर्मल) होने के कारण इस प्रकार की राह अपनाते हैं। इसके वास्तव का महत्त्वपूर्ण और एक पहलू यह कि इस प्रकार के किस्से हमेशा बढ़ा-चढ़ाकर बताए जाते हैं और प्रत्यक्ष में ये बातें घटित होते समय चिकित्सक दृष्टि से किसी ने भी देखा नहीं होता है। एक महत्त्वपूर्ण वास्तव

यह कि सम्बन्धित व्यक्ति के बारे में, घर के बारे में; तथाकथित भानमती से होनेवाला बर्ताव मुश्किलें पैदा करनेवाला है ऐसा ऊपरी तौर पर प्रतीत होता हो, फिर भी वैसे नहीं होता है। शरीर के वस्त्र अचानक जलने लगे ऐसा बताया जाता है। किन्तु व्यक्ति बुरी तरह जल गया ऐसा कभी घटित नहीं होता। अलमारी से चीजें बाहर निकलती हैं किन्तु सोने, चाँदी के गहनों के अलावा केवल सिक्के बाहर आते हैं। घरों पर पत्थर पड़ते हैं, मगर घर के किवाड़ों की काँच कभी टूटती नहीं है। चीजें गायब होती हैं मगर थोड़ी देर में, कुछ दिनों में वे वापस मिलती हैं। उन पर होनेवाला स्वामित्व हमेशा के लिए खत्म नहीं होगा; इसका ध्यान रखा जाता है।

मनोविकृत व्यक्ति भानमती जैसे प्रकार करते हैं; ऐसा मैंने सुना है। इसका इलाज है?

तिरस्कृत, विफल व्यक्ति भानमती के नाम पर प्रसंग निर्माण कर लेता है, यह सचाई है। इस ढंग से मुसीबतें निर्माण कर लोगों की हमदर्दी प्राप्त करने का प्रयास करना, लोगों का ध्यान अपनी ओर आकर्षित करना, इसके गलत होने के कारण इस प्रकार का बर्ताव मनोविकृति ही समझा जाना चाहिए। (भानमती करनेवाला व्यक्ति मानसिक तौर पर बीमार होता है ऐसा इसका मतलब नहीं।) इसका इलाज निम्न प्रकार है—

1. भानमती का प्रसंग ठीक से जाँचकर कौन-सा व्यक्ति इससे सम्बन्ध रखता है, इसकी सचाई को देखा जाए।
2. सम्बन्धित व्यक्ति को ऐसा न करने के बारे में उचित ढंग से समझाइए। कई बार यह तरीका कारगर साबित होता है।
3. जरूरत हो तो उसे मानसोपचार तज्ञ को दिखाइए। उनके द्वारा मन परिवर्तन कर सम्बन्धित व्यक्ति को उचित सलाह, सूचना दी जा सकती है। सम्मोहन का प्रयोग भी इसमें कर सकते हैं।
4. भानमती का प्रकार करनेवाला व्यक्ति कौन है यह बात ज्ञात होने पर

इस मामले में मुश्किलों से घिरे नजदीकी परिवारवालों द्वारा सम्बन्धित व्यक्ति के लिए गुस्से की, उपहास की, छल की भूमिका लेने की सम्भावना होती है। इससे हालात फिर से बिगड़ने की सम्भावना होती है। इसके लिए भानमती करनेवाली व्यक्ति से कैसे बर्ताव करना है इस बारे में मानसशास्त्रीय दृष्टि से परिवारवालों को सूचित करना आवश्यक और लाभदायी होता है।

5. भानमती की घटनाएँ बंद करने का विश्वास दिलानेवाले व्यक्ति का उक्त आश्वासन तोड़कर फिर से अन्य कोई प्रकार शुरू करने की सम्भावना उसके घरवालों को बता देनी चाहिए।
6. भानमती की घटनाएँ करनेवाले व्यक्ति के नाम की चर्चा समाचार-पत्रों में होने पर उसके दुष्परिणाम की सम्भावना भी होती है। इसी कारण भानमती की घटनाओं को रोकते समय उसकी सनसनीखेज खबरों को प्रकाशित करना टालना चाहिए।

भानमती रोकने के लिए मंत्र-तंत्र का कितना लाभ होता है! यदि नहीं होता तो भानमती को कैसे रोका जा सकता है?

बरतन अपनी जगह से हिलना, कपड़ों पर भिलावे के दाग दिखाई देना, वस्त्रों का जलना, घरों पर पत्थर पड़ना इन बातों का कारण जब ऊपरी तौर पर दिखाई नहीं देता तब ऐसी बातें भानमती (काला जादू) के कारण घटित होती है, ऐसा मानते हैं। इस भानमती को रोकने के लिए किसी तंत्र-मंत्र का उपयोग नहीं होता।

इस प्रकार की घटनाएँ घटित होने के पीछे किसी ना किसी व्यक्ति का सम्बन्ध होता है, घटना की जाँच कर सम्बन्धित व्यक्ति को उचित ढंग से समझाने पर भानमती रोकी जा सकती है। इस व्यक्ति को ढूँढ़ निकालना बड़े कौशल का काम होता है।

1. भानमती रोकने के लिए जब सम्बन्धित परिवार के लोग विनती करेंगे तब 'समूचा सहयोग किया जाएगा, आपकी हर शर्त मंजूर होगी' ऐसा

लिखित तौर पर लिखवाकर लीजिए। केस का विवरण भी यथासंभव विस्तार से लिखकर रखें।

2. उस घर में पहले मांत्रिक को आमंत्रित किया गया हो तो उसके द्वारा की गई बातों का स्पष्ट विवरण भी लिखें। मांत्रिक के उपाय से भी भानमती नहीं रुकी इसे भी दर्ज करें। आज के बाद किसी भी मांत्रिक को न बुलाने की लिखित प्रतिभूति लीजिए।
3. जाँच के समय घर के सभी सदस्यों का युवा स्त्रियों, लड़कियों का भी स्वतंत्र रूप से बंद कमरे में बयान लिया जाएगा, इसे स्पष्ट बता दीजिए।
4. जाँच करनेवाला, बयान लेनेवाला दस्ता चार-पाँच व्यक्तियों से बड़ा नहीं होना चाहिए। उसमें एक प्रौढ़ स्त्री होनी चाहिए। पत्रकार, डॉक्टर इस दस्ते में होने में कोई हर्ज नहीं। किन्तु महत्त्वपूर्ण यह कि जाँच और बयान लेने की पहल कौन करेगा इसे तय कर उसका पालन करें। उस काम में कोई दखलंदाजी न करे।
5. साक्षात्कार लेने से पूर्व मकान का ढंग से निरीक्षण करना; सम्भव हो तो उसका नियोजन सामने रखना उपयोगी साबित होता है।
6. साक्षात्कार ध्वनिमुद्रित कीजिए। बुजुर्ग व्यक्ति से शुरू करें और क्रमश: युवा व्यक्ति की ओर आ जाएँ।
7. साक्षात्कार उचित ढंग से लेना, उसमें से आवश्यक व्यक्तियों का फिर से साक्षात्कार लेना, उन सभी की अच्छाई-बुराइयों को ढूँढ़ना, आपसी मनमुटाव खोजना; व्यक्ति के चेहरे के हाव-भाव, अस्थिरता; इन सबसे सचाई खोजना यह प्रत्यक्ष सीखने का ही हिस्सा है। उसके लिए सम्भव हो तो भानमती के कुछ मामलों में कुशल कार्यकताओं के साथ काम करने के बाद स्वतंत्र रूप से मामले हाथ में ले।
8. भानमती के नाम पर सभी प्रकार कई कारनामे करने वाली व्यक्ति को ढूँढ़ा जाता है या भानमती करनेवाला व्यक्ति जान लेने पर भी वह कबूल नहीं होती। इस हालत में भानमती रोकने के लिए सम्बन्धित व्यक्ति को घटना स्थल से दूर रखना आवश्यक होता है, किन्तु इसके लिए परिवार के लोग तैयार नहीं होते हैं। अपने घर में कोई भानमती कर रहा था इसे

स्वीकार करना उनके लिए मुश्किल हो जाता है। अपमानजनक प्रतीत होता है। लेकिन इस कारण यदि वे उस व्यक्ति को खुद से दूर नहीं रखते हैं तो भानमती चलती ही रहेगी। इसलिए मामला हाथ में लेने से पहले ही अपनी सूचनाओं की समग्र कार्यान्विति करना अनिवार्य होगा और इस प्रकार कार्य न करने पर हम पुलिस या समाचार-पत्रों में खबर देंगे ऐसी जानकारी स्पष्टता के साथ परिवारवालों को देनी चाहिए।

9. भानमती करनेवाले व्यक्ति की ओर से 'आज के बाद इस प्रकार का काम नहीं करूँगा' ऐसा कबूल करवा लेना जरूरी है। साथ ही मानसोपचार तज्ञ के पास ले जाना भी आवश्यक है। उस व्यक्ति के साथ कैसे बर्ताव करना है, यह भी परिवार के लोगों को समझाना जरूरी है। भानमती की घटनाएँ न करने की बात कबूल करनेवाला व्यक्ति एकाध बार फिर से भानमती के समान अन्य कुछ करेगा इसकी जानकारी भी घरवालों को देना आवश्यक है।
10. मानसिक दुर्बलता की वजह से भानमती जैसे विकृत मार्ग से हमदर्दी प्राप्त करने का व्यक्ति प्रयास करता है। उसका नाम ज्ञात होने पर समाचार-पत्रों में खबर देने पर ऐसे समाचारों को सनसनीखेज शोहरत मिलना सम्भव है, फिर भी उस व्यक्ति पर होनेवाले दुष्परिणाम को ध्यान में रखकर उसे टालना चाहिए।

सांगली जिले के कड़ेगाँव (तहसील—खानापुर) में प्राथमिक पाठशाला की एक लड़की की आँखों से छोटे-छोटे कंकड़ निकल रहे थे। विज्ञानवादी कार्यकताओं ने इसे रोकने का प्रयास किया, फिर भी लड़की की आँखों से कंकड़ कैसे निकलते रहे?

कड़ेगाँव में 17 फरवरी, 1988 में तनूजा नाम की इस लड़की की आँखों से कंकड़ निकलना शुरू हुआ। तनूजा को पाठशाला में न भेजकर घर पर रखा तो उसकी मात्रा कम हुई। तनूजा अपने ननिहाल में (माँ के पिता के पास) माँ को छोड़कर रहती थी। उसे उसकी माँ के पास भेजने पर कंकड़ निकलना बंद हुआ। मार्च

के पहले हफ्ते में तनूजा वापस आ गई तो फिर से तनूजा की आँखों से कंकड़ निकलना शुरू हुआ। उसी के साथ कक्षा की और आठ लड़कियों की आँखों से कंकड़ निकलने लगे। 13 मार्च, 1988 को यह खबर समाचार-पत्रों में प्रकाशित हुई और 15 मार्च को उस गाँव में मैंने और हमारे अंधविश्वास निर्मूलन समिति के जाँच दस्ते ने भेंट कर इस मामले का भंडाफोड़ किया और लड़कियाँ आँखों में कंकड़ क्यों डाल रही थीं, कैसे डाल रही थीं, इसकी सचाई को सामने लाया गया। 'आज के बाद ऐसी हरकत नहीं करेंगे' ऐसी लिखित स्वीकृति प्रधानाचार्य के सामने ली। दोपहर में गाँव में सभा आयोजित कर गाँववालों को इस मामले से रूबरू कराया। इस संदर्भ में 20 मार्च, 1988 के रविवार के 'दैनिक सकाल' में विस्तृत लेख प्रकाशित हुआ है।

गाँववालों की सभा में ही दस्ते में स्थित मशहूर मानसोपचार तज्ञ डॉ. प्रसन्न दाभोलकर ने भानमती की ओर लोगों के झुकाव का मानसिक कारण समझाया था और यह भी कहा था कि "कुछ लड़कियाँ शायद बीच-बीच में इसे दोहराएँगी या घिग्घी बँधना, चक्कर आना जैसे बर्ताव करेंगी। उसकी चिन्ता, चर्चा न करें। लड़कियों को डाँटकर बार-बार वही बात मत पूछो; सिर्फ नजरअंदाज करो। उक्त घटनाएँ अपने आप रुक जाएँगी और कोई भी आशंका निर्माण होने पर कभी भी लड़की के साथ सातारा आ जाओ" यह भी बता दिया।

और आगे इसी तरह घटित हुआ। कभी-कभी एकाध लड़की की आँखों से एक-दो कंकड़ कुछ समय तक निकलते रहे। हमारे द्वारा भानमती को ढूँढ़ना और उसका भंडाफोड़ करना गाँव के कुछ लोगों को पसन्द नहीं आया था। उनका उसमें कुछ निजी स्वार्थ भी था। उन्होंने भानमती बंद हुई नहीं, इस आशय के खत समाचार-पत्रों को भेज दिए। तब पुणे के 'दैनिक सकाल' समाचार-पत्र के विजय सालुंखे को विशेष प्रतिनिधि के तौर पर जाँच के लिए भेज दिया गया। भानमती का हमारे द्वारा लिया गया जायजा पूर्णत: उचित और परिणामकारक है, यही उन्होंने निर्णय दिया। उसके बाद शेष सभी घटनाएँ भी रुक गईं। उसी कारण विज्ञानवादी कार्यकताओं के जाँचने पर भी आँखों से कंकड़ आना शुरू रहा, यह बात पूरी तरह से गलत है। असल में घटित तो बिलकुल विपरीत हुआ है।

फल ज्योतिष

अधिकांश शिक्षित लोग, समाज के प्रतिष्ठित लोग भविष्य पर विश्वास करते हैं। ऐसा भविष्यशास्त्र नकारने का क्या कारण है?

ज्योतिष को शास्त्र के तौर पर नकारने का कारण यही है कि वह विज्ञान नहीं। विज्ञान के तौर पर स्वीकृति मिलने के लिए जो विभिन्न कसौटियाँ एकाध विषय को पूरी करनी होती हैं, उन्हें ज्योतिष ने कभी भी अपनाया नहीं। उस पर खरा उतरना तो दूर की बात है।

ऐसे समय जिसका निश्चित रूप से आधार लिया जाता है, वह विवेचन यानी छोटे-बड़े, अनपढ़, शिक्षित, गरीब-साहूकार, गाँव-महानगर, गली से दिल्ली तक अनगिनत स्त्री-पुरुष भविष्य देखते हैं। इतनी विस्तृत मात्रा में लोगों की स्वीकृति मिलने पर उक्त बात झूठी कैसे होगी?

लोग भविष्य क्यों देखते हैं और क्या ज्योतिष विज्ञान है, ये दो बातें पूरी तरह से भिन्न हैं, इसे पहले समझ लेना होगा।

भविष्यकाल की घटनाओं के बारे में मनुष्य मन में स्वाभाविक तौर पर निरन्तर कुतूहल रहा है। भविष्यकाल में मनचाहा ही घटित हो इस आशा पर व्यक्ति निरन्तर आज के तनाव, विफलता को सहता है। यह घटित होना या न होना उस व्यक्ति के नियंत्रण से बाहर की कोई भौतिक घटना; सामाजिक व्यवस्था से सम्बन्धित होता है। इसकी पूरी समझ व्यक्ति को हो, असम्भव होता है। ऐसे समय में भविष्य में आनेवाली खुशहाली का धीरज ज्योतिष के कारण मनुष्य को मिलता है। किसी भी यथार्थ का आधार न होनेवाली भविष्य काल की खुशहाली

या इच्छापूर्ति की कल्पना की अभिलाषा मनुष्य के मन में निर्माण होती है। उसमें वह बहल जाता है। भविष्य पर विश्वास रखने की मानसिकता इसी प्रकार की होती है। अधिकांश लोगों के बारे में उक्त आशावाद सच साबित नहीं होता है। किन्तु इससे वे आशा रखना छोड़ते नहीं। आशा एक अजीब जंजीर है जिससे बाँध कर रखने पर मनुष्य दौड़ता रहता है और उसे त्याग देने पर वह अपाहिज बनता है। यह परिमार्जित कथन अधिकांश लोगों के बारे में सच साबित होता है। भविष्यकाल में प्रत्यक्ष इच्छित न घटित होकर विपरीत ही घटित हुआ तो वे बातें पूर्व कर्म या हाल ही के जन्म के पापों या अशुभ ग्रह स्थिति के कारण घटित हुईं ऐसा माना जाता है। मूलतः बुनियाद न होनेवाली अनुमान पद्धति को हमने ज्योतिष विज्ञान माना यहीं पर हमारी गलती है। इसे समझ नहीं लिया जाता या समझाया नहीं जाता। किन्तु यथार्थता की वस्तुनिष्ठ जाँच की कसौटी का आधार न होनेवाले फल ज्योतिष पर अधिकांश लोगों का विश्वास है। केवल इसी बात से उसे विज्ञान नहीं कह सकते। विज्ञान के फैसले बहुमत-अल्पमत ऐसी संख्याओं पर निर्भर नहीं होते हैं।

विश्व में ज्योतिष शास्त्र का हजारों सालों का इतिहास है, ऐसे उपयोगी शास्त्र से मनुष्य का जीवन सुखी नहीं हो सकता?

मनुष्य ने अपनी आदिम दशा में आसमान में चमकनेवाले तारे देखे। वह उसे ईश्वर का निवास प्रतीत हुआ। मनुष्य को दिन में रोशनी मिले और रात को शीतलता मिले इसलिए आसमान के ईश्वर ने इन तारों को आसमान में लटकाया है, ऐसा भी जिक्र बाइबल में मिलता है। इन खुली आँखों से दिखाई देनेवाले ग्रहों का मनुष्य ने लंबे समय तक, सदियों से निरीक्षण किया। उनकी गति सम्बन्धी सिद्धान्त रखे। पृथ्वी में स्थित क्रियाकलापों से अपनी जानकारी के अनुसार उसका सम्बन्ध जोड़ने का प्रयास किया। उसी कारण मनुष्य संस्कृति के शुरुआती काल में खगोल विज्ञान, गणित और फल ज्योतिष ये तीनों एक-दूसरे से सम्बन्धित रहे।

बाद में हालात पूरी तरह से बदल गए। खगोल विज्ञान एक स्वतंत्र विज्ञान के तौर पर सामने आया। रात को चमकनेवाले आसमान के ग्रह कौन-से, तारे

कौन-से, उनकी एक-दूसरे से दूरी कितनी, उनकी रफ्तार कैसी, उसका असर क्या, इस बारे में अधिक जानकारी सामने आ गई। वैज्ञानिक दृष्टि से भी उसे स्वीकृति मिली। उक्त घुड़दौड़ आज भी शुरू है। गणित तो एक स्वायत्त विज्ञान उपविभाग ही बन गया। किन्तु दिक्कत आई फल ज्योतिष को लेकर। नवग्रहों के ग्रह तारों का भौतिक ढाँचा मनुष्य को ज्ञात होने पर कोई निश्चित ग्रह या तारा किस स्वभाव का या प्रवृत्ति का कारक है, इसे कोई भी अहमियत नहीं। जब भविष्यशास्त्र के हजारों सालों के इतिहास की मिसाल देकर स्वीकृति माँगी जाती है तब यह समूचा संदर्भ ज्ञात होने पर क्या दिखाई देता है? फल ज्योतिष विज्ञान नहीं है। किन्तु हजारों सालों के संस्कार और खुद के भविष्य के बारे में दुर्लभ जिज्ञासा इसी कारण व्यक्ति को फल ज्योतिष के बारे में उत्सुकता होती है। इसका आधार लेकर उसका इस्तेमाल मनुष्य जीवन अधिक खुशहाल बनाने में हर्ज क्या है; ऐसा प्रश्न किया जाता है। यहाँ दो महत्त्वपूर्ण प्रश्न उपस्थित होते हैं। एक तो लोगों को अच्छा लगता है, धीरज मिले इसलिए हम ज्योतिष का इस्तेमाल करते हैं। उक्त प्रयास किसी के करने पर मन को सन्तोष देनेवाली और सन्तुष्ट करनेवाली कला इतना ही ज्योतिषशास्त्र के बारे में कह सकते हैं। विज्ञान से उसकी यह दलील ही खारिज होती है। दूसरी बात यह कि मनुष्य को इस पद्धति से दी जानेवाली राहत उसे तत्काल सन्तुष्ट करनेवाली होगी भी; किन्तु व्यक्ति के खुद के या परिवार के जीवन में लंबे अरसे तक उसकी हानि होने की सम्भावना होती है। 'ग्रहों की स्थिति बहुत ही अच्छी। चिन्ता ही नहीं। बीमार बिलकुल ठीक हो जाएगा' यह सलाह पत्रिका देखकर बयान करनेवाला ज्योतिषी बीमार या उनके परिवार पर आनेवाली विपत्ति और उसे लेकर बरतनेवाली सावधानियों के बारे में लापरवाही बरतता है। इसके विपरीत, ग्रहस्थिति बिगड़ी हुई है, कुछ भी हो सकता है ऐसा भविष्य कथन करनेवाले अकारण ही डरा देते हैं। इससे न मनुष्य के जीवन को वैज्ञानिक दृष्टि से सहायता या मार्गदर्शन मिलता है, न मनुष्य का जीवन अधिक सुखी बनता है।

ज्योतिष के कारण मुसीबत में होनेवाले मनुष्य को कुछ समय के लिए तो धीरज मिलता है। उसकी मानसिकता को सँभालने में सहायता होती है।

तुम्हारा विज्ञान उसे इस प्रकार की सहायता नहीं करता है तो ज्योतिषशास्त्र के प्रति इतनी नाराजी क्यों?

मुसीबत में होनेवाला व्यक्ति निराश, हताश मनुष्य के सहारे की खोज में होता है। प्रयास करने पर भी उचित सफलता न मिले तो ईश्वरीय शक्ति पर उसकी जिम्मेदारी सौंपने से उसे धीरज मिलता है। 'मेरी गलती क्या? ग्रहस्थिति ही विपरीत थी; वह कुछ समय में बदलेगी और पुन: खुशहाली के दिन आएँगे' इस प्रकार वह खुद को समझाता है। फल ज्योतिष उसे धीरज और उत्साह देता है, ऐसी ज्योतिष को विज्ञान कहनेवालों की दलील होती है। कुछ मनुष्यों के निराश, हताश मन को ज्योतिष धीरज देता होगा भी किन्तु इस उपयुक्तता को स्वीकार करें तो ज्योतिष को महज मनुष्य के मन को कुछ समय धीरज देनेवाली कला मान सकेंगे। वह विज्ञान कैसे हो सकता है? जादूगर मन को कुछ पलों के लिए चिन्ता से मुक्त करा देगा। किन्तु कोरे कागज के टुकड़ों से नोट बनानेवाला जादूगर अपनी आर्थिक तंगी पर इलाज क्यों नहीं करता इस बात को समझना, और उसके पास सम्पत्ति निर्माण का विज्ञान है इसे मानकर उसकी ओर आकर्षित होना इस मूर्खता के समान ही मूर्खता ज्योतिष की ओर उचित आधार के लिए झुकने में है। मनुष्य के मन को कुछ समय तक धीरज देनेवाला उक्त सामर्थ्य भी एहसान ही है, ऐसा नहीं कह सकते। ग्रहस्थिति बिगड़ने के कारण बार-बार बीमारी आती है। एक साल के बाद ग्रहस्थिति बदलेगी और फिर स्वस्थ जीवन प्राप्त होगा इस प्रकार का भविष्य निरन्तर बीमार पड़नेवाले को सालभर धीरज रखने के लिए सहायता करेगा ऐसा नहीं। उसका विपरीत परिणाम भी घटित हो सकता है। भविष्य पर पूरा विश्वास रखनेवाला व्यक्ति अपनी बीमारी का कारण ग्रहस्थिति को मानकर श्रेष्ठ जानकारों के द्वारा समूची जाँच करना टाल देगा और फिर समय पर निदान न होने के कारण उसे जान भी खोनी पड़ेगी।

लड़की की जन्म-पत्रिका में अभी तीन साल विवाह संयोग नहीं इसे जानने पर उस लड़की के पिता या उस लड़की के तीन सालों के बाद विवाह हो जाएगा इस कल्पना से उत्साहित होने के बजाय नाराज होने की भी सम्भावना होती है। तब कला के तौर पर भी व्यक्ति पर किस प्रकार असर हो जाएगा यह निश्चित

नहीं। इसी कारण ज्योतिषशास्त्र के प्रति नाराजगी इसलिए कि वह विज्ञान का दावा कर मुसीबत में फँसे मनुष्य का निर्देशन करता है और उसकी जाँच करने पर, व्यक्ति को आधार देनेवाले कला के तौर पर उसकी उपयुक्तता बताता है, जो अंतर्विरोध है।

डॉ. वि. म. दांडेकर ने 'कुंडली संग्रह: एक अध्ययन' इस पुस्तक की भूमिका में लिखा है कि 'जीवन की सफलता-असफलता का कारण ज्ञात न होने के कारण मन अवरुद्ध हुआ, यानी जातक निदान से सन्तोष मिलता है। असफलता से हताश मन को धीरज मिलता है। उसमें सुधार का झंझट नहीं चाहिए, यह व्यावसायिक व्यवहार दृष्टि हुई। उसमें विज्ञान की समझ नहीं। इस प्रकार विज्ञान प्रगतिशील नहीं होता।'

प्रत्यक्ष में विज्ञान तो नहीं है, मगर निश्चित रूप से धीरज देनेवाली कला भी कहना सम्भव नहीं, ऐसी फल ज्योतिष की अवस्था है।

कुंडली के कारण खुद के जीवन के बारे में कुछ संभावित कल्पनाएँ ज्ञात हो जाती हैं। उससे उसका जीवन संकटों से बच सकता है, बदल सकता है। उदाहरण, मंगली होनेवाली लड़की के साथ मंगली न होनेवाले लड़के को विवाह नहीं करना चाहिए। राहु-केतु के दुष्प्रभावों को समझना क्या यह लाभ नहीं है?

उपर्युक्त प्रस्तुतिकरण में ठगाई और फरेब है। ज्योतिष पर विश्वास करनेवाले किन्तु खुद खुले विचार तथा वैज्ञानिक दृष्टिकोण की बात करनेवाले व्यक्ति जैसा विवेचन करते हैं, उसका सारांश यह है : कुछ विशेष बीमारियों के कारण अन्य शिकायतें निर्माण होने की सम्भावना बढ़ जाती है। जैसे, रक्तचाप से परेशान होनेवाले व्यक्ति को हृदयविकार का आघात होने की सम्भावना अधिक होती है। रक्तचाप से बीमार हर व्यक्ति को यह परेशानी होती है ऐसा नहीं। लेकिन बीमार व्यक्ति के लिए सम्भावना बयान करने के लिए रक्तचाप की उक्त बुनियादी जानकारी सहायक साबित हो सकती है। उसी प्रकार विशेष ग्रहस्थिति के कारण कोई निश्चित परेशानी होती है ऐसा नहीं। मगर होने की सम्भावना मानकर उसी

प्रकार अपने काम करने से लाभ होता है, यह प्रस्तुतिकरण तर्क-विसंगत है। चूँकि इसमें गृहीत नींव चिकित्सा विज्ञान के बारे में सही है लेकिन ज्योतिष के संदर्भ में इसका कोई वैज्ञानिक आधार नहीं है। किसी ग्रह या ग्रहसमूह की स्थिति का अच्छा या बुरा असर व्यक्ति के जीवन पर होता है, इसका कोई भी संख्याशास्त्र का अन्य वैज्ञानिक प्रमाण नहीं। लड़का-लड़की की पत्रिका में कोई निश्चित ग्रहस्थिति न होने पर विवाह न करने की सलाह दी जाती है। यदि इस प्रकार के विवाह हो जाएँगे तो वे असफल हो जाएँगे, संतति नहीं होगी, बेवापन आएगा ऐसी सम्भावनाएँ दर्शाई जाती हैं। इसका तनिक भी आधार नहीं है। इसके बारे में एक सौ पच्चीस साल पहले महात्मा ज्योतिबा फुले ने एक कटु प्रश्न उपस्थित किया है। मुहूर्त देखकर और छत्तीस गुण मिलाकर होनेवाले हमारे विवाहों के पश्चात् बड़ी तादाद में स्त्रियाँ बेवा हो जाती हैं और मुहूर्त न देखते हुए, पत्रिका न देखते हुए अंग्रेज दांपत्यों द्वारा किए गए विवाह सफल होते हैं, यह कैसे? यह प्रश्न ज्योतिबा फुले ने किया था। भारत में बालमृत्यु का प्रमाण उस समय अधिक ही था। उसी कारण स्त्रियाँ बचपन में ही बेवा बन जाती थीं। इसे टालने का उपाय था, विवाह सही उम्र में करना। (वह वास्तव में होने के कारण ही अंग्रेजों में पत्रिका न देखते हुए भी बेवा होने वाली स्त्रियों की संख्या कम थी।)

इसके विपरीत पत्रिका देखकर स्त्री को अधिक वैवाहिक सुख है ऐसा तर्क देकर सम्पन्न विवाह स्त्री को बेवा बनने से रोक नहीं सकते थे; क्योंकि उनका सम्बन्ध पत्रिका से नहीं अधिक मात्रा में बालमृत्यु से था। बुनियाद ही गलत रखकर सम्भावना बयान करने पर निष्कर्ष गलत ही निकलते हैं!

बुनियाद गलत है यह तो अब साफ हो चुका है। खगोल विज्ञान में मंगल को लेकर पर्याप्त जानकारी उपलब्ध है। उसका विवाह से क्या सम्बन्ध है? धूमकेतु क्या है यह अब स्पष्ट हो चुका है। उसका शुभ-अशुभ से सम्बन्ध जोड़ने की क्या आवश्यकता है? राहु-केतु तो अस्तित्व में ही नहीं हैं, तो उनके क्रोध का डर किसलिए?

अचूक जन्म समय के आधार पर आप कुंडली बना सकते हैं? नहीं बना सकते तो ज्योतिष विज्ञान नहीं यह इल्जाम किसलिए?

इस प्रश्न के अर्थ को समझ लेना होगा। जैसे चिकित्सा, अभियांत्रिकी ये विज्ञान हैं वैसे ही ज्योतिष एक विज्ञान है। अलग-अलग व्यक्तियों को, ज्ञानशाखाओं की गहरी जानकारी होगी इसलिए किसी भी दूसरी शाखा के व्यक्ति को कम न माना जाए। कारण, उन्हें उस विषय के बारे में कोई भी जानकारी नहीं होती है। जो रक्तचाप तक नाप नहीं सकते उन्हें चिकित्सा विज्ञान के बारे में बोलने का अधिकार नहीं। वह अज्ञान का प्रतीक साबित होगा। उसी प्रकार जिन्हें आम कुंडली बनाना नहीं आता, उनका ज्योतिष के बारे में न बोलना ठीक नहीं, वह गलत साबित होगा। ऐसी यह चालाकी है। इसमें ज्योतिष को प्रमाणित विज्ञान मानकर दलील प्रस्तुत की है।

हठयोग का ज्ञान नहीं तो सिद्धि प्राप्त नहीं होती, यह कैसे कह सकते हैं? वेदों का ज्ञान नहीं तो यज्ञों से वर्षा नहीं होती है, ऐसा ठोस तौर पर कैसे कह सकते हैं, ऐसा पूछने के प्रकारों में से ही यह एक प्रकार है।

व्यक्ति अन्य कोई भी सुविधा का इस्तेमाल न करते हुए केवल योग शक्ति से जल के ऊपर से चल नहीं सकता। कारण, वह ज्ञात वैज्ञानिक नियम के खिलाफ है। चार समिधा और धन-धान, घी मंत्रों की अग्नि में जलाकर बारिश नहीं होती है। चूँकि अब वर्षा क्यों होती है; इसकी उचित जानकारी उपलब्ध है। उसमें से कोई भी घटना इन यज्ञों से घटित होती है इसे स्वीकृत नहीं किया जा सकता। ग्रहों के आधार पर बताए गए भविष्य के बारे में निश्चित यही स्थिति है। असल में कुंडली की बुनियाद ही अवैज्ञानिक है। नवग्रहों की सूची में सूर्य कैसे? वह तो तारा है। चंद्र तो पृथ्वी का उपग्रह है। मनुष्य के समूचे जीवन में अधिक महत्त्वपूर्ण होनेवाले ग्रह जिस पर उसकी बुनियाद खड़ी रहती है उस पृथ्वी का अंतर्भाव कुंडली में क्यों नहीं? इसका उत्तर यह दिया जाता है कि पृथ्वी सूर्यमाला का एक केन्द्रबिंदु है। पृथ्वी सूर्यमाला का केन्द्रबिंदु है इसे मानना यानी कोपर्निकस केप्लर से लेकर हॉयल-नारलीकर तक सभी को एक ही झटके में गलत कहकर विज्ञान के स्वीकृत सिद्धान्त को उलट-पुलट देना है। इस ग्रह में मनुष्य में स्थित सत्व, रज, तम गुण कहाँ से आएँ? चंद्र शीतल प्रकाश देता है इसलिए सात्विक, तो पृथ्वी का नाश कर सकेगा जिसका आक्रमक रूप वह रवि सात्विक कैसे? शुक्र स्त्रीलिंगी क्यों? शनि और बुध नपुंसक क्यों? साढ़े

उनतीस सालों का शनि का परिभ्रमण साढ़े सात साल ही पीड़ा क्यों देता है? कुंडली बनाने की आवश्यकता ही नहीं। अब कार्यकारण भाव से भी ज्योतिष का विज्ञान के तौर पर खोखलापन साफ तौर पर समझ सकते हैं।

अचूक जन्म समय से कुंडली लिखते हैं मगर बात यह कि जन्म समय निश्चित कौन-सा इस बारे में जानकारों का एकमत नहीं। मूलतः बच्चा जब जन्म लेता है उस समय माँ की कोख में स्त्री बीज और पुरुष बीज का मिलन होता है। किन्तु वह समय कैसे ज्ञात होगा? बच्चे का जन्म रॉकेट का उड़ना नहीं, पहले उसका सिर बाहर आता है, बाद में क्रमशः शरीर, इसमें कुछ समय बीतता है। कई बार पैरों से बाहर निकलता है और तब वह साँस लेता है। फिर नाल को काटकर माँ से बच्चे को स्वतंत्र किया जाता है। इनमें से कौन-सा पल अचूक जन्म समय मान लें? औषधि देकर प्रसव वेदना बढ़ाकर प्रसव समय से पहले कर सकते हैं। सीजेरियन का ऑपरेशन तय कर कर सकते हैं। डॉक्टरों की अपनी इच्छा के अनुसार घटित इन बातों से जन्म समय कुछ घंटों या दिनों में बदलता है। तो क्या अचानक बच्चे का समूचा भविष्य ही बदल जाता है?

कोई ऐसी दलील देगा कि ज्योतिष अनुभूति की बुनियाद पर खड़ा विज्ञान है। किसी निश्चित ग्रहस्थिति में अच्छी-बुरी घटना घटित होती है, यह सच है। किस कारण घटित होती है इसकी जानकारी नहीं। उसका कार्यकारणभाव आज के विज्ञान को ज्ञात नहीं है। पलभर के लिए इसे सच भी मानते हैं, किन्तु इस स्वरूप की जाँच का, निष्पक्षता से इकठ्ठा जानकारी का संचय तो सामने रखना होगा और उसकी वस्तुनिष्ठ चिकित्सा से ज्योतिषशास्त्र को विज्ञान साबित करने के कुछ प्रमाणों को सामने रखना होगा। नहीं तो अचूक जन्म समय से आप कुंडली लिख न सकने पर ज्योतिष को शास्त्र कैसे कह सकेंगे; यह प्रश्न उन्हीं को हास्यस्पद बना देता है।

तज्ञ डॉक्टरों के निदान गलत हो सकते हैं। मौसम विभाग के अनुमान भी चकमा देते हैं। फिर ज्योतिषकार की बातें भी सौ प्रतिशत अचूक होनी चाहिए; इसका आग्रह क्यों?

तज्ञ डॉक्टरों के निदान गलत हो सकते हैं, यह विधान उचित नहीं हैं। यदि पाँच कमरों में पाँच तज्ञों को बिठाया। उन्हें विषम ज्वर का निदान जिससे होगा इस प्रकार की खून की जाँच की रिपोर्ट दिखाई, क्षय का निदान हो जाए ऐसे बीमार के फेफड़े का एक्स रे दिखाया और पीलिया से युक्त होनेवाला पेशाब दिखाया तो समूचे तज्ञ डॉक्टर उन्हीं के आधार पर बीमारी सम्बन्धी जो निदान करेंगे वह एक ही होगा। बल्कि विश्व के विभिन्न स्थानों के तज्ञ डॉक्टरों को उक्त जाँच दिखाने पर भी वहीं उत्तर मिल जाएगा। चूँकि वस्तुनिष्ठता से प्रमाणित और विज्ञान के तौर पर स्वीकृत नियमों के आधार पर ही ये निष्कर्ष तय किए जाते हैं, इसी कारण चिकित्सा विज्ञान है और उसकी मान्यता प्राप्त उपाधि प्राप्त करनेवाला व्यक्ति कहीं पर भी व्यवसाय कर सकता है।

तज्ञ डॉक्टरों के निदान भी गलत हो सकते हैं या उनमें मत भिन्नता भी होती है; यह सच है। किन्तु वे भिन्न क्यों हैं इसके कारणों को प्रस्तुत किया जाता है और उसी के अनुसार चिकित्सा से या नई खोज से उन गलतियों को दुरुस्त किया जाता है। विज्ञान के बढ़ते विस्तार के साथ ही अधिकांश निदानें अचूक मिलने की शुरुआत हो जाती है। मौसम विभाग का अनुमान पहले उपहास का विषय था। उपग्रहों के द्वारा जानकारी प्राप्त होने पर हालातों में काफी बदलाव आया है।

विज्ञान का दावा करनेवाले भविष्यफल को लेकर स्थिति क्या है? पाँच कमरों में खुद को तज्ञ समझनेवाले पाँच ज्योतिषकारों को बिठाया और उन्हें एक ही पत्रिका देकर भविष्य कथन करने को कह दिया तो वे एक समान नहीं बता सकेंगे। फिर वह अचूक मिलना तो दूर की बात। (वह कथन एक समान और अचूक हो सकेगा, इस प्रकार का किसी का दावा होने पर उसकी जाँच के लिए अंधश्रद्धा निर्मूलन समिति निरन्तर तैयार है।) दूसरे, जिस बुनियादी सिद्धान्त के गृहीतकों के आधार पर भविष्य के शास्त्र की नींव रखी जाती है, वह बुनियाद भी अवैज्ञानिक है। पृथ्वी को सूर्य मंडल का केन्द्र मानना; राहु-केतु, चंद्र इन्हें ग्रह समझना, जन्म समय किसे मान लें इस सम्बन्ध में अलग-अलग राय, किसी भी प्रकार वैज्ञानिक आधार न होनेवाले गुणधर्मों को ग्रह से सम्बन्धित मानना, सूर्य को ग्रह समझना ऐसे कई झमेले हैं। उसी के साथ

डॉ. जयंत नारळीकर ने 'फल ज्योतिष का पाखंड' इस अपने मार्च, 1982 के 'किर्लोस्कर' पत्रिका में प्रकाशित लेख में वैज्ञानिक और महत्त्वपूर्ण बात रखी है। पृथ्वी जिस धुरी में घूमती है वह धुरी धीरे-धीरे अपनी दिशा बदल रही है। इस धुरी के उत्तर में अब धुव्र तारा है; ईसा पूर्व 3000 साल में यही धुरी ध्रुवा में (अल्का ड्रायकोनीस) तारे की ओर उत्तर के तौर पर इशारा कर रही थी। और 11 हजार सालों बाद यही धुरी वेगा की ओर मुड़ चुकी होगी।

छब्बीस हजार सालों के बाद इस धुरी का एक आवर्तन पूरा हो जाता है। जिस प्रकार पृथ्वी के निरीक्षण के लिए ध्रुव तारा भी अपनी दिशा परिवर्तित करता है; उसी प्रकार अन्य तारे भी बदलते हैं। उसी कारण राशिचक्र और तारों के बीच का फासला भी बढ़ जाता है। विषुववृत्त का राशि-चक्र और आधुनिक तारों के समूहों की सीमा के बीच का आजकल का फासला जिस समय राशियों को नाम दिए गए तब से अब तक बढ़ चुका है। उदाहरण—जो तारों के समूह वृषभ राशि में हैं ऐसा कहते हैं वे अब मिथुन राशि में प्रवेश कर चुके हैं। इस फासले का फल ज्योतिष में क्या उत्तर है? मूल नक्षत्रों के अनुसार आसमान के हिस्से करेंगे, दो हजार सालों पहले वे जहाँ दिखाई दे रहे थे उसके अनुसार इन हिस्सों को तय करेंगे? जॉ क्लॉड पेकेयर इस खगोल वैज्ञानिक ने और एक बात रखी है। ध्रुव प्रदेश के नजदीकी देश में भी लोग रहते हैं। (फिर वह उत्तर ध्रुव हो या दक्षिण ध्रुव) जन्म लेते हैं। किन्तु साल के कुछ समय वहाँ पर ग्रह दिखाई नहीं देते हैं। उदाहरणार्थ, रूस के मुर्मारक शहर से साल के छह महीने राशि ग्रह,राशि-चक्र के तारे दिखाई नहीं देते हैं। इस काल में जन्मे लोगों की कुंडलियाँ ही बन नहीं सकेंगी। इसका मतलब उनका भविष्य ही नहीं है? तो चिकित्सशास्त्र और मौसम विभाग के अनुमानों के साथ तुलना करने की ज्योतिषकारों की जिद खोखली और गलत बुनियाद पर आधारित है।

कुछ ज्योतिषकारों की बताई कई घटनाएँ अचूक साबित हुई हैं। यह ज्योतिष विज्ञान होने का प्रमाण नहीं है?

नहीं! एकाध ज्योतिषकार के अचूक बयान करने पर ज्योतिष के आधार पर

ज्योतिष बिलकुल विज्ञान साबित नहीं होता है। कितनी घटनाओं की जानकारी बयाँ की गई और उसमें से कितनी अचूक साबित हुई इसका अनुपात देखना आवश्यक है। केवल अचूक साबित हुए भविष्य के आधार पर सौ प्रतिशत की गई माँग हास्यास्पद ही है।

इसमें कई मजाक होते हैं। 'धर्मयुग' इस ख्यातलब्ध हिन्दी पाक्षिक ने 1978 में 'इंदिरा गांधी का पुन: राजनीतिक संयोग है?' यह प्रश्न देश के मशहूर सात ज्योतिषकारों से पूछा था। छह लोगों का उत्तर 'नहीं' था। मगर सिर्फ शाहू मोडक का उत्तर 'हाँ' था। शाहू मोडक के अनुसार 'ज्योतिष विज्ञान है' इस सम्बन्ध में मेरी जो बातचीत हुई उसमें उन्होंने स्वयं की इस अचूकता का जिक्र किया था। किन्तु उनके वैयक्तिक एक अचूक निदान पर समग्र विचार करें तो वह विज्ञान के तौर पर फल ज्योतिष के खोखलेपन को सबके सामने नहीं रखता? उनका अचूक उत्तर और शेष सभी छह ज्योतिषकारों से गलत उत्तर मिल गया, इसे क्या कहेंगे?

दूसरी बात यह कि ज्योतिषकार से पूछे जानेवाले कई प्रश्नों के सिर्फ दो ही उत्तर होते हैं। उदाहरण, विवाह होगा या नहीं? संतति होगी या नहीं? पुत्रयोग है या नहीं? नौकरी मिलेगी या नहीं? परदेश जाने का योग है या नहीं? इस प्रकार के प्रश्नों का उत्तर 'हाँ' या 'नहीं' ही होता है। उक्त प्रश्न उस व्यक्ति के जीवन में उसे अधिक महत्त्वपूर्ण प्रतीत होते हैं। अब दो ज्योतिषकारों ने इन प्रश्नों के उत्तर तय कर एक ने 'हाँ' और दूसरे ने 'नहीं' दिए, तो हर एक के अनुमान सौ प्रतिशत सही साबित होंगे और इसी बात का प्रचार करने की मनोवृत्ति ध्यान में लें तो वे भविष्य अचूक बताते हैं ऐसा भी उनका लौकिक निर्माण होगा! किन्तु इससे ज्योतिष विज्ञान साबित नहीं होता है।

ख्यातनाम ज्योतिषकारों के विगत दस सालों के प्रमुख भविष्य कथनों को जाँचने पर ये ख्यातिप्राप्त कहें जानेवाले विद्वान कितने गलत साबित हुए है; यह स्पष्ट होता है। सन सतहत्तर में आपातकाल रद्द कर जो चुनाव हुए, उसमें भारतीय जनता पार्टी को भूतो न भविष्यति ऐसा रुझान दिया गया। ज्योतिषकारों को इस बदलती ग्रहस्थिति की समझ कब आएगी? (उनके व्यावहारिक अनुमान कम या अधिक अन्तर से किन्तु हमेशा की तरह कांग्रेस सत्ता में आएगी ऐसा

ही था।) 'तरुण भारत' (27 मार्च, 1977 का अंक) में श्री चं. पं. भिशीकर ने चुनाव के भविष्य बतानेवाली पोटली खोल दी। उसमें से भविष्य के अधिकांश अनुमान गलत साबित हुए।

बावजूद इसके 'मैं अचूक भविष्य का कथन करता हूँ और किया है' ऐसा किसी ज्योतिषकार का दावा होगा तो अंधविश्वास निर्मूलन समिति उसकी जाँच करने को हमेशा तैयार है।

डॉ. पुरंदरे विश्वख्यात स्त्रीरोग विशेषज्ञ हैं। उन्होंने गर्भवती स्त्री की कोख में लड़का या लड़की है इसे जानने की बहुत ही आसान पद्धति रुद्राक्ष के आधार पर ढूँढ़ निकाली है, यह विज्ञान नहीं है? उनका विचार है कि हाथ पर रुद्राक्ष रखकर सम्बन्धित व्यक्ति धनभारित (पॉजिटिवली चार्ज्ड) ऋणभारित (निगेटिवली चार्ज्ड) या तटस्थ है, इसे समझ सकते हैं। धनभारित व्यक्ति में भविष्य अचूक बताने की क्षमता होती है, यह सच है?

कोई नई बात खोज निकाले तो उक्त बात प्रशंसनीय है। इससे ही विज्ञान उन्नति करता है। एकाध विज्ञान शाखा के विद्वानों का दावा होगा तो स्वाभाविक ही अपेक्षाएँ अधिक बढ़ जाती हैं, कारण कोई बात वैज्ञानिक है या नहीं इसे किस प्रकार जाँच लें इसकी जानकारी उन्हें अच्छी तरह से ज्ञात होती है। इस परिप्रेक्ष्य में रुद्राक्ष के डॉ. पुरंदरे के दावे के संदर्भ में प्रत्यक्ष में क्या ज्ञात होता है? रुद्राक्ष के इस विशेष लाभ के बारे में किसी भी प्रकार की वैज्ञानिक जाँच, संख्याशास्त्रीय जानकारी प्रकाशित नहीं की गई है। अंधविश्वास निर्मूलन समिति ने आवाहन किया था और वह आज भी कायम है। प्रसव के लिए अस्पताल में दाखिल और जिनकी गर्भलिंग निश्चितता की पूर्व जाँच नहीं हुई है, ऐसी सौ गर्भवती स्त्रियों के पेट पर रुद्राक्ष रखकर उनकी जाँच करना आसानी से सम्भव है। जिससे उक्त स्त्रियाँ आनेवाले दो-चार दिनों में प्रसव होते ही यह दावा सच या झूठ है, इसे भी समझ सकेंगी।

व्यक्ति धनभारित या ऋणभारित या तटस्थ होता है, इसे रुद्राक्ष की सहायता से

पहचानना एक ऐसी ही झूठी बात है। इस बारे में कोई भी वैज्ञानिक संख्याशास्त्रीय प्रमाण नहीं है। पुरंदरे ने जिन्हें-जिन्हें धनभारित व्यक्ति कहा उनके द्वारा: रुद्राक्ष स्वयं डॉ. पुरंदरे के हाथ पर रखने पर भी (डॉ. पुरंदरे भी उनके विचार के अनुसार धनभारित ही हैं) वह बिलकुल न घूमने का प्रमाण है। फिर उस नाममात्र धनभारित के कारण अचूक भविष्य कथन करने की क्षमता प्राप्त होना गलत ही साबित होता है।

भृगुसंहिता भृगु ऋषि की बहुत प्राचीन बिलकुल अचूक भविष्यवाणी है ऐसा विश्व में माना जाता है, उसका लाभ क्यों न उठाया जाए?

ज्योतिष के विभिन्न प्रकार माने जाते हैं, उसमें भृगुसंहिता बहुत विश्वसनीय मानी गई है।

भूतकाल में घटित, वर्तमानकाल में स्थित और भविष्यकाल में जन्म लेनेवाले सभी का भविष्य भृगु ऋषि ने अपने ग्रंथ में लिखकर रखा है ऐसा माना जाता है। तांबे की कुछ हजार पट्टिकाओं पर लिखा यह भविष्य अब पुस्तक रूप में या पोथी स्वरूप में भी उपलब्ध है। सौ सालों का कैलेन्डर जिस प्रकार मिल जाता है और उससे बीते और आनेवाले साल में कौन-सी तारीख को कौन-सा दिन आएगा या उस साल के, महीने के, हफ्ते के किस दिन को तारीख क्या होगी इसे अचूक बता सकते हैं, उसी तरह इस संहिता को भविष्य के बारे में भूत, वर्तमान और भविष्य का अचूक अनुमान लगानेवाली माना जाता है। अपने पास संहिता का मूल संस्करण है इस प्रकार का दावा करनेवाला व्यक्ति उसकी जाँच के लिए कभी भी तैयार नहीं होता। दस लोगों के जीवन की शिक्षा, व्यापार, विवाह, संतति, दुर्घटना, प्रमुख घटनाओं का 80% निदान अचूक करने की चुनौती को ज्योतिष शास्त्र के जानकार ज्योतिषकार कभी भी स्वीकार नहीं करते हैं, उसी प्रकार भृगुसंहिता की विश्वसनीयता की प्रशंसा करनेवाले भी नहीं स्वीकारते हैं। तब विश्व में क्या माना जाता है, इससे उसकी सचाई क्या है इसकी जाँच करके ही उस बात पर विश्वास रखना चाहिए।

रूस में गर्भवती स्त्रियों के हाथों के निशान लेकर उसी के आधार पर भविष्य (गर्भवती स्त्री और उसके बच्चे का) का अनुमान लगाया जाता है; यह सच है? सच होने पर रूस जैसा समूचा भौतिकवादी देश भी ज्योतिष शास्त्र का समर्थन करता है तो फिर हम उसे क्यों छोड़ें?

रूस में गर्भवती स्त्रियों के हाथों के निशान का अध्ययन होता है, इसके बारे में निश्चित प्रमाण अभी भी नहीं मिला है। किन्तु उससे कोई नुकसान नहीं। उक्त अध्ययन होता है इसे मानें तो भी वह उस माता की कोख से बच्चे के जन्म लेने पर भविष्यकालीन शिक्षा, विवाह, संतति, दुर्घटना के निरीक्षण के लिए न होकर किसलिए होता है इसका अनुमान लगाने पर और आधुनिक विज्ञान की जानकारी होने पर वह आसानी से समझ में आएगा। इसके लिए एक बात पहले मन में निश्चित करनी होगी कि व्यक्ति के हाथों के ऊपर की विभिन्न रेखाओं को धनरेखा, जीवनरेखा समझना, हाथों के ग्रहों के टीले और उसमें से निकलीं छोटी-बड़ी रेखाएँ, चिह्न इससे व्यक्ति के स्वभाव का, जीवन का अनुमान लगा सकते हैं, ऐसा मानने के लिए कोई भी आधार नहीं है।

फिर इस सम्बन्ध में सच क्या है? जिस प्रकार दो व्यक्तियों के चेहरों की बनावट एक जैसी दिखाई नहीं देती उसी प्रकार दो व्यक्तियों के हाथों के निशान भी समान नहीं होते हैं; यह तो हम जानते ही हैं। (इसलिए हाथ या उँगलियों के निशान को विश्वसनीय सबूत मानते हैं।) इसका कारण यह कि जिस स्त्री बीज और पुरुष बीज के मिलन से पहली गर्भ पेशी तैयार होती है, उससे निर्मित गुणसूत्रों के जुड़ाव और घटाव से ही व्यक्ति के हाथों की रेखा और चेहरे की बनावट तय होती है। हाथों की रेखाओं में व्यक्ति की आनुवंशिकता का प्रतिबिंब कुछ मात्रा में दिखाई देता है। मंगोल जैसी आनुवंशिक बीमारी जिससे बच्चा गतिमंद होता है; विकास ठीक ढंग से नहीं होता है; उसमें बीमार व्यक्ति के हाथ में आड़ी रेखाओं की कमी यह निशान प्रमुखता से होता है। हाथों की रेखाओं की कमी यह बीमारी का निदान करने की विशेषता, बीमारी आनुवंशिक स्वरूप की होने के कारण माँ के हाथों की रेखाओं की सूक्ष्मता समझने के लिए, गर्भवती स्त्रियों के हाथों के निशान रूस में लिए जाते हैं।

उसका हाथ देखनेवाले ज्योतिषकारों से कोई भी सम्बन्ध नहीं है, आनुवंशिकता सम्बन्धी बहुत ही विकसित स्वरूप का जेनेटिक इंजीनियरिंग विज्ञान आज भी विश्व भर में विकसित हो रहा है। उसकी सहायता से इसलिए कई पहलुओं से अध्ययन शुरू होता है। उसमें से उक्त एक होगा। रूस भी अब हस्तसामुद्रिक की ओर आकर्षित हुआ है। यह परोक्ष रूप से निकाला गया उसका अर्थ अन्यायकारी साबित होगा।

परामनोविज्ञान

पूरे विश्व में परामनोविज्ञान का अध्ययन शुरू है, फिर भी उसके अस्तित्व को नकारना नासमझी नहीं है?

इन्द्रियों द्वारा मनुष्य को जो ज्ञात होता है, उससे परे मनुष्य को यथार्थता का ज्ञान देनेवाली कोई शक्ति अस्तित्व में है ऐसा कइयों को प्रतीत हुआ है। इसी कारण इन इन्द्रियों की शक्ति और परामनोविज्ञान के सम्बन्ध में मनुष्य संस्कृति में दीर्घकाल से जिज्ञासा दिखाई देती है। इन बातों को शुरू में धर्म का तंत्र-मंत्र या रहस्य विद्या से सम्बन्धित माना गया था। इन घटनाओं का अध्ययन करने के लिए इंग्लैंड में पहली बार 1882 में सोसाइटी फॉर साइंटिफिक रिसर्च स्थापित हुई। 1887 में अमेरिका में भी इसी स्वरूप की संस्था स्थापित हुई। कुछ वैज्ञानिकों ने भी इस खोज में भाग लिया।

किन्तु इस अध्ययन से इस शास्त्र का अस्तित्व अभी भी प्रमाणित नहीं हुआ है। विश्व के ख्यातनाम विश्वविद्यालयों की ज्ञानशाखा के तौर पर भी इसे स्वीकृति नहीं मिली है।

इस सम्बन्ध में जो प्रयोग सफल हुए हैं, उनके विवेचन में भी ऐसा दिखाई दिया है—

1. प्रयोग करते समय प्रयुक्त पद्धति गलत या अधूरी थी।
2. प्रयोग गलत ढंग से किए गए। फिर भी अतीन्द्रिय शक्ति के कारण उक्त जानकारी मिलने की दलील दी गई है; लेकिन वह उस मनुष्य के पास पहले ही पहुँच चुकी थी, ऐसा दिखाई दिया।

3. प्रयोग के निष्कर्ष निकालते समय इस्तेमाल की गई संख्याशास्त्रीय पद्धति भी गलत थी। कुछ बातें संयोग की थीं। फिर से किए प्रयोग में वे सिद्ध नहीं हो पाईं।
4. इस स्वरूप की शक्ति अस्तित्व में ही नहीं यही उनका दृढ़ विश्वास है और उसे प्रमाणित करने की जो माँग करते हैं और प्रयोग जाँचने को जो तैयार हैं उनकी इस प्रकार की जाँच कभी की नहीं गई।

ऐसी घटनाएँ घटित होती हैं यह पहले प्रमाणित होना चाहिए और वह कभी हुआ तो उसका अध्ययन जैसे बिजली, रेडियो, लहरों, भाप, अणुशक्ति का होता है उसी प्रकार का होगा। अंधविश्वास को न अपनाते हुए इस प्रकार अध्ययन करने में बुद्धिप्रमाण से असंगत कुछ नहीं। मगर ऐसी घटनाएँ घटित होने का दावा कर, विज्ञान को नजरअंदाज कर उसका विवरण दिया जाता है। लोगों में अंधविश्वास जीवित रखने में वह लाभदायक होता है, जो आपत्तिजनक है। उत्क्रांति में मनुष्य के जीवन संघर्ष में अनुकूल साबित होनेवाली क्षमताओं का प्राकृतिक तौर पर विकास होता गया। उस कारण उनकी असल में अधिकाधिक उन्नति होनी चाहिए थी। किन्तु ऐसी उन्नति बिलकुल नहीं हुई। उक्त कारण मीमांसा भी अतींद्रिय शक्तियों के अस्तित्व के खिलाफ जानेवाली है।

उक्त घटनाएँ प्रमाणित हुई हैं ऐसा बयान करनेवालों के पास उसके विवरण का दावा होता है कि इन घटनाओं को वैज्ञानिक चिकित्सा का ज्ञान और नियम लागू नहीं है। यह वैज्ञानिक प्रक्रिया और आधुनिक प्रयोगशाला की पहुँच के बाहर की घटनाएँ हैं। ऊपरी तौर पर दिखाई देनेवाला यह विवरण विसंगत और फरेब ही है। एक समय विज्ञान के समूचे नियंत्रण से बाहर प्रतीत होनेवाली कई घटनाएँ वैज्ञानिक दृष्टिकोण अपनाकर मनुष्य ने ज्ञात कर ली हैं। इसी राह से आज की अज्ञात घटनाओं के कार्यकारण भाव कल समझनेवाले हैं। मगर जिस समय विज्ञान की बुनियादी पद्धति को ही नजरअंदाज करने की जिद की जाती है, उस समय परामनोविज्ञान के प्रमाणों के लिए प्रस्तुत की गई यह शक्ति प्रमाणित होने के तौर पर रखी गई, उस हर एक की पोल किसी ना किसी कारण खुली है। इस प्रकार की घटनाओं के बाद सम्बन्धित प्रमाण

आज भी उपलब्ध नहीं हैं। इसी कारण इन घटनाओं को नकारना; गलत न होकर उचित ही है।

मनुष्य के मस्तिष्क के कई भाग अभी भी अज्ञात हैं। उनकी कार्यक्षमता विकसित होना बाकी है। क्या उस अंश से इन्द्रिय शक्ति के स्पंदन निकलते होंगे?

मनुष्य के मस्तिष्क के तीन भाग माने जाते हैं। थैलेमस, हायपोथैलेमस और पॉन्स। इन भागों में जीवन धारणा को अत्यन्त आवश्यक होनेवाली बातों के नियंत्रण केन्द्र होते हैं। रक्तचाप, श्वसन, दिल की हलचल का नियंत्रण इसी अंश से होता है। उसे जोड़कर ऊपर के भाग में लिम्बिक मस्तिष्क होता है। मनुष्य की स्मृति धारणा यानी स्मरण शक्ति का कुछ अंश संचय करने की शक्ति इस हिस्से में इकठ्ठा होती है। अपनी कोमल भावनाएँ, प्रेम, ममता इस अंश से ही उत्पन्न होते हैं। निओकॉर्टेक्स सबसे प्रगत होता है। अपनी विचार शक्ति; बुद्धि, गहरी समस्याओं के उत्तर ढूँढ़ने की क्षमता, संवदेना, जज्बात इसमें इकठ्ठा होते हैं। असल में यह ऊपरी विभाजन है। यह समूची मज्जासंस्था संयुक्त रूप में कार्य करती है। मस्तिष्क के अंगों का समूचा काम अभी भी ज्ञात नहीं, मगर रचना पूरी तरह से ज्ञात है। उस रचना में इन्द्रिय शक्तियों का कोई भी आधार नहीं है। जो अज्ञात लहरी प्रक्षेपण या ग्रहण करेगा ऐसा हिस्सा मस्तिष्क में होने की सम्भावना नहीं है।

मनुष्य के मस्तिष्क का अध्ययन यानी मस्तिष्क में तैयार होनेवाले विद्युत् रासायनिक स्पंदनों का अध्ययन इसे ठीक से समझ लेना होगा। विशेष कारणों से कोई विशेष क्षमता किसी के मस्तिष्क में तैयार होने पर उसमें रहस्यमयी अतींद्रिय कोई भी नहीं होगा, जो आज न कल निश्चित रूप से ज्ञात होगा। किन्तु आज अज्ञात होनेवाली एकाध प्रक्रिया होगी।

उदाहरणार्थ—कुछ मंदबुद्धि के बच्चे होते हैं। उनका बुद्ध्यांक सत्तर या उससे कम होता है। किन्तु सौ सालों के कैलेंडर की किसी भी तारीख का दिन या किसी भी महीने के किसी भी दिन की तारीख वे पलभर में बताते हैं। छह

अंकोंवाली संख्या का वर्गमूल, घनमूल कुछ पलों में वे बताते हैं। उक्त योग्यता उन्हें कैसे प्राप्त होती है, यह अभी भी ज्ञात नहीं, मगर उन्हें प्राप्त उक्त ईश्वरीय शक्ति नहीं है। उक्त योग्यता उन्हें कैसे प्राप्त हुई इसका स्पष्टीकरण जेनेटिक इंजीनियरिंग में आज न कल निश्चित रूप से मिल जाएगा। उसी प्रकार एकाध व्यक्ति में अंतीद्रिय शक्ति है ऐसा ज्ञात होने पर, उसका वैज्ञानिक कारण समझना आसान होगा। उसमें रहस्यमयी विज्ञान के अलावा कुछ नहीं।

कुछ जादूगर टेलीपैथी का उपयोग प्रभावात्मकता से कर अन्य किसी भी सम्पर्क साधन के बगैर दूर रहनेवाले अपने सहयोगी से सम्पर्क स्थापित करते हैं। अपने मन के विचार उस व्यक्ति तक पहुँचाते हैं। यह कैसे सम्भव है?

जादूगर जादू के प्रयोग करता है। उक्त प्रयोग मूलत: बड़ा फरेब ही होता है। किन्तु उसका प्रयोजन केवल मनोरंजन करना ही होता है। हम कैसे धोखा खा गए; यानी जादू की क्रिया कैसे घटित हुई यह हमें ज्ञात नहीं होता इसलिए हम जादूगर के प्रयोग की प्रशंसा करते हैं। जादू की क्रिया कैसे की गई इसे समझने पर प्रशंसा नहीं होगी। यह चालाकी जादूगर की हाथ की सफाई होती है। इसके लिए जादूगर कभी भी ईश्वरीय शक्ति, तंत्र-मंत्र होने का दावा नहीं करता है। (ऐसा करने पर वह पाखंडी या बाबाजी हो जाएगा।) जीविका का व्यवसाय होने के कारण अपने जादू के प्रयोग का रहस्य वह कभी भी स्पष्ट रूप में प्रस्तुत नहीं करता है।

खाली बर्तन से मनचाही चीजें निर्माण करना, लड़के को काटकर फिर से जोड़ना, इन प्रयोगों में टेलीपैथी का प्रयोग किया जाता है। उसका आम स्वरूप इस प्रकार होता है: जादूगर दर्शकों में से कुछ लोगों को आमंत्रित करता है। भिन्न-भिन्न पुस्तकों का एक गट्ठर सामने रखा जाता है। दर्शकों में से आया व्यक्ति उसमें से कोई भी पुस्तक उठाता है और किसी भी पन्ने की एक पंक्ति जादूगर को दिखाता है। जादूगर उसे लिखकर लिफाफे में बंद करता है। बाद में वह लिफाफा सिर पर लगाकर टेलीपैथी की सहायता

से दर्शकों में सबसे पीछे बैठे अपने सहयोगी तक वह वाक्य पहुँचाता है। जादूगर का सहयोगी मंच पर आकर उस वाक्य को दर्शकों के सामने प्रस्तुत करता है। लिफाफा खोलने के बाद उक्त वाक्य उचित अनुमान से पहचानने की बात प्रमाणित हो जाती है।

यह कैसे घटित होता है? टेलीपैथी की सहायता से निश्चित ही घटित नहीं होता है। इसमें दो सम्भावनाएँ होती हैं। पुस्तक पढ़ने के लिए दर्शकों में से मंच पर आनेवाला व्यक्ति जादूगर की सहयोगी हो सकती है। उस कारण उसकी दिखाई पंक्ति कौन-सी होगी यह पहले ही तय होता है। दर्शकों के पीछे बैठनेवाले जादूगर के सहयोगी को यह बात मालूम होती है।

दूसरे प्रकार में मंच पर आनेवाला व्यक्ति जादूगर का सहयोगी नहीं होता है। किन्तु सामने रखी पुस्तकों के मुखपृष्ठ भले ही अलग-अलग दिखाई देते हों, लेकिन अन्दर पुस्तक एक ही होती है। इतना ही नहीं तो सभी पुस्तकों के पन्नों पर एक ही आशय होता है। (प्रयोग के लिए ऐसी पुस्तकें जानबूझकर तैयार की जाती हैं।)

इस कारण दर्शकों में से आनेवाले व्यक्ति ने अलग-अलग पुस्तक उठाई और उनके अलग-अलग पन्नों को देखने पर वे सभी एक ही आशय के होते हैं। उस पन्ने की दस-बीस पंक्तियों में शब्दबद्ध हुआ आशय मात्र अलग होता है। प्रयोग के पहले ही मंच पर आमंत्रित दर्शक को कौन-से नम्बर की पंक्ति पढ़ने को कहेंगे, यह जादूगर ने अपने सहयोगी को बताया होता है। उसी कारण उस टेलीपैथी (नाटक) के द्वारा उसे अचूकता से पहचानना आसानी से सम्भव होता है। पन्ने की दस-बीस पंक्तियों में से उसी नम्बर की पंक्ति मंच पर आए दर्शक को पढ़ने को कहना, यह जादूगर का कौशल या कला होती है।

यूरी गिलर नाम के युवक ने अंतर्ज्ञान से चीजों को देखना, आँखों की शक्ति से वस्तु को टेढ़ा करना इस सम्बन्ध में बहुत ही शास्त्रीय सफल प्रयोग किए हैं। उस पर वायकिंग प्रेस ने जॉन टेलर जैसे वैज्ञानिक की 'सुपर माइंड्स' पुस्तक भी प्रकाशित की है। मनुष्य का मन बोझिल

चीजों पर प्रभाव डाल सकता है (Psychokinesis) यह यूरी गिलर द्वारा प्रमाणित करने पर भी उसे कैसे नकार सकते हैं?

यूरी गिलर ने किसी समय वैज्ञानिक विश्व में खलबली मचा दी थी। ब्रिटेन के दूरदर्शन पर 23 नवंबर, 1973 को उसका कार्यक्रम दिखाया गया था। इस कार्यक्रम में उसने टकोर मारकर चम्मच तोड़ दी। केवल एकाग्र आँखों की शक्ति से उसने चम्मच तोड़कर दिखाई। दूसरी शक्ति से बंद कमरें में चित्रित किया गया चित्र सिर्फ आकाश में टकटकी लगाकर पहचाना। बंद घड़ियों को हाथ में लेकर अपनी नजरों की शक्ति से शुरू किया। यूरी गिलर की इस प्रभावी शक्ति का बड़ा बोलबाला हुआ। लंडन के किंग्ज कॉलेज के जॉन टेलर, एक मशहूर प्रोफेसर इस कार्य को जाँचने को तैयार हुए। उन्होंने अपनी प्रयोगशाला में उक्त प्रयोगों को यूरी गिलर को दोहराने को कह दिया। दोनों ओर से ढक्कन लगाकर ऊपर से सील की गई प्लास्टिक की बंद नली की धातु की पट्टी को अपनी आँखों की शक्ति से यूरी ने तोड़कर दिखाया। प्रधानाचार्य के अपने कमरे में चित्रित किया चित्र यूरी ने सभी के सामने पहचाना। कुछ प्रयोग और किए और उन सभी पर आधारित 'सुपर माइंड्स' पुस्तक प्रकाशित की।

अपने देश में ही नहीं पूरे विश्व में ऐसा दिखाई देता है कि ऐसी घटनाएँ और उन पर लिखी तथाकथित वैज्ञानिक पुस्तकें चर्चित होती हैं। किन्तु इस मामले के पाखंड का विस्फोट कर सच्चे प्रमाणों के आधार पर उसके बाद किए जानेवाले अनुसंधान और पुस्तकों की अधिक चर्चा नहीं होती। लोगों को उस ढंग की जानकारी भी नहीं मिलती है। उदाहरणार्थ—बर्म्युडा ट्रैंगल नाम से ख्यात होनेवाले फ्लोरिडा, पोर्टो रिको और बर्म्युडा इन स्थानों को जोड़नेवाले त्रिकोण को वैसे भी अधिक कुप्रसिद्धि मिल गई। अति प्राकृतिक शक्ति से अस्तित्व के स्पष्ट प्रमाण के तौर पर उस त्रिकोण में स्थित घटनाओं की तरफ इशारा किया गया। ऑरिझोना विश्वविद्यालय के लॉरेन्स कुश ग्रंथपाल ने इस सम्बन्ध में समग्र अनुसंधान कर बर्म्युडा त्रिकोण में घटित होनेवाली सभी प्रमुख घटनाओं का विवरण दिया और अति प्राकृतिक शक्ति के अस्तित्व को उसके लिए स्वीकार करने की आवश्यकता नहीं, इसे भी प्रमाणित कर दिखाया। फिर

भी आज तक बर्म्युडा त्रिकोण का बोलबाला कायम है क्योंकि यह पुस्तक लोगों तक बड़े पैमाने पर पहुँची ही नहीं।

मनुष्य का मन जड़ चीजों पर प्रभाव डाल सकता है, यह विज्ञान के आधार पर प्रमाणित करना यूरी गिलर के लिए सम्भव न हो सका और जिस समय उसने वह प्रमाणित किया तब वह जाँच वैज्ञानिक नहीं थी; इसे उचित ढंग से समझना जरूरी है।

स्टैंड फोर्ड रिसर्च इंस्टिट्यूट की वैज्ञानिक जाँच में चम्मच टकोर मारकर यूरी गिलर ने तोड़ दी। किन्तु टकोर से बाहर निकलनेवाला बल चीजों को तोड़ने में जितना लगता है; उतना ही था। उसी कारण यह बल सिर्फ चोट से निर्माण हुआ ताकि यूरी की ईश्वरीय शक्ति से उसमें वृद्धि हुई; इसे तय न कर सकें। इसलिए केवल नजरों से चम्मच तोड़ देने का टीवी पर प्रस्तुत किया हुआ प्रयोग यूरी को दोबार करने को कहा गया। यूरी इस बात के लिए तैयार नहीं हुआ। यदि तैयार हो जाता तो इसका फैसला उसके पक्ष में ही जाता; मगर कुछ आध्यात्मिक कारणों के लिए यूरी ने उसे करना अस्वीकार कर दिया।

प्रोफेसर टेलर की प्रयोगशाला में जाकर यूरी की अलौकिक सामर्थ्य की पोल अमेरिका के ख्यातनाम जादूगर रैंडी ने खोल दी।

यूरी द्वारा किए गए सभी प्रयोग अलग-अलग प्रकार से प्रस्तुत करके स्वयं सवैया होने की बात को रैंडी ने प्रमाणित किया।

टेलर की प्रयोगशाला में जिस बंद प्लास्टिक की नली में धातु का टुकड़ा आँखों की शक्ति से यूरी गिलर ने तोड़ दिया था; वह नली और टुकड़ा रैंडी ने देखा। रैंडी समझ गया कि यह तो हाथ की सफाई है। स्क्रू लगाकर ऊपर सील लगाए, नली लगाई, रबर का ढक्कन ऊपर-नीचे हो सकता है। जादूगर रैंडी ने हाथ की सफाई से यूरी द्वारा तोड़ी गई एल्युमिनिअम की पट्टी को बदलकर उसमें रैंडी की तोड़ी हुई (Bent by Randey) कुरेदी हुई पट्टी अन्दर डाल दी। इस प्रसंग में उसने टेलर के साथ तस्वीर खींच ली। अपने और यूरी के सभी प्रयोग का पृथक्करण करनेवाली जादूगर जेम्स रैंडी की पुस्तक 'द मैजिक ऑफ यूरी गिलर' (The Magic of Uri Gelar) बैलेटाइन बुक्स ने प्रकाशित की। उसमें एक वाक्य बड़ा ही मार्मिक है। सोलह साल की एकाध लड़की अपनी

अदाकारी से एकाध बड़ी उम्र के मनुष्य को पलभर में बेवकूफ बना सकती है, इसे हम जानते हैं। मगर सिरफिरे सोलह साल के एक लड़के का यह सब करना हमें अजीब महसूस होता है।

जेम्स रैंडी की किताब मशहूर हुई और यूरी गिलर के अतीन्द्रिय शक्ति की पोल खुल गई और फिर जड़ चीजों पर मनुष्य का मन प्रभाव डालता है यह दलील भी खत्म हुई।

कुछ व्यक्तियों को भविष्यकाल में घटित होनेवाली घटनाएँ सपने में या मनचक्षु के सामने दिखाई देती हैं और उसके बाद प्रत्यक्षता में घटित होने का अनुभव आता है, इसको कैसे स्पष्ट करेंगे?

मनुष्य की प्रतिदिन नींद का 25 या 30 प्रतिशित अंश सपनों का होता है। इसमें से बहुत कम सपने हमें सुबह स्मरण होते हैं। सपनों में घटित होनेवाली घटनाएँ प्रत्यक्ष में आम तौर पर घटित नहीं होती हैं। इसलिए सपने में एकाध व्यक्ति के मृत दिखाई देने पर उसकी उम्र बढ़ती है ऐसा माना जाता है। मतलब यह कि सपनों में व्यक्तियों की मृत्यु कई बार दिखाई देती है, वह प्रत्यक्ष में शायद ही सच साबित होती है। (मन को धीरज देने के लिए व्यक्ति की उम्र इससे बढ़ेगी, यह अंधविश्वास उससे जोड़ा जाता है।)

मगर संयोग से एकाध सपना सच साबित होता है और उसका कई स्थानों पर प्रचार-प्रसार होता है। इसी कारण सपने में भविष्य की सूचना मिलना लोगों को सच प्रतीत होता है। मगर हजार झूठ साबित हुए सपनों की बात नहीं होती है। सपना सच साबित होते हुए क्या घटित होता है? व्यक्ति के अंतर्मन में कुछ विचार होते हैं, डर होता है; व्यक्ति को स्वयं उसका पूरा एहसास नहीं होता है। यदि एकाध बुजुर्ग व्यक्ति की तबीयत के बारे में उसके लड़के के मन में चिन्ता है तो यह एहसास अबोध स्तर पर होता है। ऐसे समय उस व्यक्ति के समान दिखाई देनेवाले एकाध व्यक्ति की अचानक मृत्यु हुई या उस बुजुर्ग की बीमारी जैसा ही अन्य कोई बीमार सामने आया तो मन में उत्पन्न होनेवाले विचार-तरंग सपने में घटना रूप में दिखाई देते हैं। मन में यह भावना आती है कि वह घटित

होगा ही, या जो घटित न हो यह भावना आती ही है कि वह घटित होगा। ऐसे दो प्रकार के सपने हो सकते हैं। इसमें से कुछ भी घटित होने पर उसका अनुभव होने की प्रतीति आती है। असल में अंतर्मन के विचारों पर आधारित ही सपने आने के कारण उन विचारों के असल में घटित होने की सम्भावना कम होती है, लेकिन उसी मात्रा में उन सपनों के सच साबित होने की सम्भावना भी होती है। उसमें विशेष ऐसा कुछ नहीं।

संकीर्ण

पड़ना, धूमकेतु दिखाई देना अशुभ क्यों मानते हैं?

धूमकेतु दिखाई देना, चंद्र को घेरा पड़ना ये प्रकृति के नियमों के अनुसार घटित होनेवाली घटनाएँ हैं। उन्हें अशुभ मानने का कोई भी ठोस कारण नहीं है।

सूर्य, चंद्र, तारे, ग्रह इनसे धूमकेतु की बनावट अलग होती है। वह अचानक निकलता है, उसी प्रकार अचानक दिखाई देना बंद हो जाता है। जब एकाध घटना अनाकलनीय प्रतीत होती है, तब उसका सम्बन्ध ईश्वरीय या अमंगल शक्तियों से या शुभ-अशुभ से जोड़ा जाता है। इसी कारण धूमकेतु दिखाई देना अशुभ माना गया है।

धूमकेतु का आगमन यानी युद्ध, आँधी, अकाल, राज्यक्रांति की पूर्व सूचना ऐसी धारणा विश्व में सभी ओर थी। शेक्सपियर के नाटकों में भी धूमकेतु का जिक्र मिलता है।

When beggers die there are no comets seen
Heavens themselves blaze forth the death of princes.

एडमंड हैले, इस वैज्ञानिक ने धूमकेतु पर अनुसंधान किया। हैले के अनुसंधान पर न्यूटन ने गणित और भौतिकशास्त्र के आधार पर धूमकेतु का निश्चित मार्ग होता है इसे प्रमाणित किया। सूर्य के आवर्तन में गुरुत्वाकर्षण के कारण ग्रह घूमते रहते हैं। उसी प्रकार धूमकेतु सूर्य के आवर्तन में चक्कर लगाता है। अन्तर इतना ही कि धूमकेतु का सूर्य के आवर्तन की प्रदक्षिणा का समय अधिक होता है।

आज विज्ञान के आधार पर धूमकेतु का फिर से आगमन कब होगा, इसे हम

तय कर सकते हैं। विगत साल में दिखाई दिए धूमकेतु का निदान, वह कितने समय और किस स्थान पर दिखाई देगा, इसका गणितीय ज्ञान वैज्ञानिकों ने हमें पहले ही दिया था।

चंद्र के आवर्तन में घेरा दिखाई देना यह भी प्रकृति के नियमों के अनुसार दिखाई देनेवाली घटना है। उसका ईश्वरीय नाराजगी से कोई सम्बन्ध नहीं। हवा में जो वाष्प के अंश होते हैं वे अधिक ऊँचे जाने पर कम तापमान के कारण जम जाते हैं। उनके हिम स्फटिक बनते हैं। इन स्फटिकों पर चंद्र की प्रकाश रेखा पड़ने पर उनका अपवर्तन (Refraction) होता है। भिन्न-भिन्न रंगों का अपवर्तन अलग-अलग मात्रा में होता है। लाल रंग का कम, जामुन के रंग का सबसे अधिक अपवर्तन होता है। उसी कारण चंद्र के आवर्तन में घेरे तैयार होते हैं।

चंद्र के समान, गुरु के, शुक्र के भी घेरे तैयार होते हैं। इंद्रधनुष; सुबह और शाम को आसमान में आनेवाली लालिमा, आसमान का नीला रंग, ये जैसे प्रकाश विज्ञान की घटनाएँ हैं, उसी प्रकार घेरा दिखाई देना यह भी घटना है। उसे अशुभ मानने का कोई कारण नहीं।

कुंडलिनी जाग्रति या यौगिक शक्ति के कारण कुछ सिद्धि या चमत्कार करने की सामर्थ्य प्राप्त होती है, क्या यह सच है?

कुंडलिनी जाग्रति के कारण अलौकिक शक्ति प्राप्त होती है या योग शक्ति से चमत्कार करने का दावा कई लोगों द्वारा किया जाता है। मगर यह साफ गलत है। इस प्रकार की कोई भी बात आज तक भारत में या और कहीं भी प्रत्यक्ष प्रमाण के आधार पर साबित नहीं हुई है।

योग शक्ति से 1. हवा मैं तैरना, 2. हृदय की धड़कन पाँच मिनट के लिए बंद करना, 3. तीन मिनट तक साँसें बंद करना, 4. ज्ञानप्राप्ति कर दिखाना या विचारशक्ति विकसित करना ये चमत्कार करनेवाले को अब्राहम कोवूर ने एक लाख रुपए देने का ऐलान किया है।

नागपुर में पायलट बाबा योग सामर्थ्य से हृदय की धड़कनें बंद करने का

दावा कर रहा था। नागपुर के अंधविश्वास निर्मूलन कार्यकताओं द्वारा आवाहन देते ही बाबा भाग गया।

कुंडलिनी जाग्रति के कारण सिद्धि प्राप्त होती है यह अंधविश्वास है। वैज्ञानिक सत्य नहीं है।

कुंडलिनी जाग्रत् कर सिद्धि प्राप्त किए तीन सौ साल की उम्र के योगी हिमालय में वास्तव्य करते हैं। वे काँच-लोहा हजम कर सकते हैं; जहर पचाते हैं, हवा में तैरते हैं; अचानक गायब होकर दूसरी जगह प्रकट होते हैं, यह प्रचार अवास्तव है। आधुनिक चिकित्सा विज्ञान में कुंडलिनी का अस्तित्व नहीं है। तब भी कुंडलिनी जाग्रति के आधार पर किसी शक्ति का अस्तित्व प्रमाणित कर सकते हैं या योग शक्ति के कारण चमत्कार कर सकते हैं, इस प्रकार का किसी का दावा होने पर अंधविश्वास निर्मूलन समिति उसकी जाँच करने के लिए निरन्तर तैयार है।

मंत्र शक्ति से कौन-से चमत्कार घटित हो सकते हैं?

मंत्रों की शक्ति से सर्पदंश का असर कम होता है, पीलिया रोग ठीक होता है, बिच्छू या पागल कुत्ते के जहर का असर भी कम कर दिया जाता है, ऐसी धारणा है।

मंत्रों से अग्नि जलानेवाले कुछ नाममात्र के ईश्वरीय पुरुष होने की बात भी बताई जाती है। यह समझ गलत और धोखाधड़ी है।

मंत्रों की शक्ति या प्रार्थना से शरीर का कटा अंग शरीर पर एक इंच तक बढ़ा देनेवाले को अंधविश्वास उन्मूलन आन्दोलन के प्रवर्तक डॉ. अब्राहम कोवूर ने एक लाख रुपयों का इनाम देने का 1963 में ही ऐलान किया है। इस आवाहन को आज तक किसी ने स्वीकार नहीं किया है।

अगर साँप जहरीला होगा और उसका दंश काफी प्रभावी होगा तो मनुष्य मंत्र की सहायता से जीवित नहीं रह सकता है ऐसा अनुभव है। लेकिन जो साँप जहरीला नहीं है, उसके काटने पर मनुष्य की मृत्यु नहीं होती। महाराष्ट्र में जहरीले साँप प्रमुखता से सिर्फ चार जाति के हैं। नाग, घोणस, मण्यार और फुरसा। जो

साँप जहरीले नहीं हैं, उनकी कई जातियाँ हैं। काटनेवाला साँप अधिकांश तौर पर जहरीला नहीं होता है। ऐसी घटना में मंत्र शक्ति से जहर का असर कम करने का श्रेय मांत्रिक को मिल जाता है।

भारतीय बिच्छुओं के दंश से अधिकांश लोगों की मृत्यु नहीं होती। दंश से प्रभावित व्यक्ति को डर के कारण वेदनाओं की तीव्रता अधिक महसूस होती है। मांत्रिक इस तीव्रता कम करने में सहायक हो सकता है मगर उसके मंत्रों से बिच्छू का जहर उतर जाता है; यह सच नहीं है। सिर्फ डर कम होने से वेदना रुक सकती है।

चोपडी, तहसील पाटण, जिला सातारा के गोविंदा चव्हाण को पागल कुत्ते ने काट लिया। मांत्रिक से उसने इलाज कराया और वह बेफिक्र बन गया। लेकिन तीन महीने में वह तड़प-तड़प कर मर गया। मगर इसी लड़के ने यदि प्रतिबंधक इंजेक्शन ले लिया होता तो वह निश्चित तौर पर जीवित रहता।

मंत्रों से अग्नि जलानेवाले पाखंडी रासायनिक क्रिया का इस्तेमाल करते हैं। लकड़ी का भूसा और पोटैशियम परमैगनेट के मिश्रण पर ग्लिसरिन डालने पर, भूसा जल जाता है। ग्लिसरीन और पोटैशियम की रासायनिक क्रिया से अग्नि उत्पन्न होती है जिससे भूसा जल जाता है; मंत्रों से नहीं। संक्षेप में, मंत्रों से कोई भी चमत्कार नहीं होता है। मंत्रों से पापड़ तक तोड़ नहीं सकते।

ईश्वरीय शक्ति का अस्तित्व वैज्ञानिक भी मानते हैं। चंद्र पर उतरने के बाद पहले चंद्रवीर ने 'Thank God! God is great!' कहा था। इस सम्बन्ध में आपकी क्या राय है?

चंद्र पर उतरे अमरीकन चंद्रवीर ने 'Thank God! God is great' ऐसा कहा। सभी कर्म करनेवाला ईश्वर है, इसे मानना पूर्वसंस्कारों का हिस्सा है। बचपन में ही ईश्वर की कृपा से सफलता मिलती है; यह संस्कार चंद्रवीर को मिला हुआ होगा, तो सफलता के पलों में उपर्युक्त जिक्र चंद्रवीर द्वारा होना इसमें अस्वाभाविक कुछ भी नहीं। जब रेलगाड़ी की खोज हुई उस काल में रेलगाड़ी सुचारु ढंग से स्टेशन पर आ जाए, इसके लिए उस समय लोगों ने नियति की प्रार्थना की होगी।

कोलंबस की बोट अमेरिका के किनारे पहुँची होगी तब 'यह तो ईश्वर की कृपा' ऐसे उद्गार कोलंबस ने निकाले होंगे, तो वह स्वाभाविक ही है।

आज रेलगाड़ी में प्रवेश करते समय या जहाज में चढ़ते समय हम नारियल चढ़ाकर ईश्वर की आराधना क्यों करते हैं? हमें यह ज्ञात है कि मनुष्य की बुद्धि सामर्थ्य से विज्ञान, तंत्रज्ञान आत्मसात कर रेलगाड़ी का निर्माण हुआ है। इसमें ईश्वरीय शक्ति का सम्बन्ध कैसे?

जिस पर धार्मिक पूर्वसंस्कारों का प्रभाव नहीं उस रूसी चंद्रवीर ने चंद्र पर पैर रखते समय कहा, "मेरा चंद्र पर पहुँचना यह मनुष्य की बुद्धि द्वारा प्रकृति पर हासिल की हुई सफलता है।"

रशियन चंद्रवीर का साहसी उत्तर अधिक युक्तिसंगत नहीं है?

एकाध व्यक्ति की लॉटरी निकलकर पैसे मिलना, एकाध व्यक्ति के कुएँ का पानी लगकर उसकी खेती खिलना और एक व्यक्ति की दुर्घटना होना ये सभी बातें मनुष्य के नसीब के कारण घटित नहीं होती हैं?

लॉटरी में मिलनेवाला इनाम संगीत कुर्सी के खेल के विजेता को मिलनेवाली कुर्सी के समान होता है। संगीत कुर्सी के खेल का यह नियम ही है कि एक व्यक्ति अंत में विजयी होगा। उसी प्रकार लॉटरी के प्रबंधकों का भी यह नियम है कि उनके टिकट लेनेवालों में से कुछ व्यक्तियों को इनाम मिलेगा ही। जिन्हें यह इनाम मिलता है, उनका नसीब खुल गया ऐसा मानने के अलावा व्यक्ति को दैववादी बनानेवाली समाज व्यवस्था का लाभ उन्हें मिल गया, ऐसा मानना उचित होगा। किसी भी वजह से सरकार के द्वारा लॉटरी बंद करने पर इन सभी नसीबवालों के नसीब एक दिन में बिगड़ जाएँगे; क्योंकि वे उन्हें एक समाज व्यवस्था ने प्रदान किए हैं; नसीब ने या ईश्वर ने नहीं। कुएँ का पानी लगने के मामले में यह मुद्दा अधिक स्पष्ट होगा। समाज के आज के निजी अधिकारों के कारण जिसके कुएँ का पानी लग जाता है उसका नसीब अच्छा माना जाता है; कारण उसे लाभ होता है। लेकिन भूगर्भ के समूचे जल पर समग्र समाज का अधिकार का मानने पर जल किसी के भी कुएँ का लग जाए, समान लाभ सभी

को मिलेगा और इस सामाजिक व्यवस्था में नसीब पर निर्भर रहने का कारण शेष नहीं रहेगा। इसी नसीब की मिसालें देकर दुर्घटनाओं का दिया जानेवाला स्पष्टीकरण फरेब और गलत है। हर दुर्घटना के पीछे कुछ कार्यकारण भाव होता ही है। इसी कारण दुर्घटना की जाँच होती है और उसमें दोषी व्यक्ति को सजा मिलती है। दुर्घटना में मृत व्यक्ति के नसीब से ही यह घटित हुआ, यह दलील स्वीकार नहीं की जाती। इसका समूचा मतलब यह कि इस दैववादी समाज में प्रश्नों की मूल चिकित्सा न करते हुए व्यक्ति को झूठा धीरज देने के लिए निर्माण किया गया भ्रम ही नसीब है। इस प्रकार नसीब पर जिम्मा सौंपने की वृत्ति का परिणाम यह होता है कि हालात को समझ लेना और खुद के प्रयासों से उसे बदलने की जिद रखना यह भाव ही समाज से गायब हो जाता है।

ग्रहण का गर्भ पर असर होता है, क्या यह सच है?

ग्रहण काल में गर्भवती स्त्री द्वारा सब्जी या अन्य पदार्थ काटने पर गर्भ का होंठ फट जाता है, गर्भवती स्त्री द्वारा एकाध वस्तु तोड़ने पर (ग्रहण काल में) गर्भ का अवयव टूट जाता है आदि विचार समाज में प्रचलित हैं। भारत में ऐसे कल्पित, अवास्तव किस्सों की भरमार अधिक है। ग्रहण ईश्वरीय घटना है। चंद्र ग्रहण के समय केतु चंद्र को निगल जाता है और सूर्य ग्रहण के समय राहु सूर्य को निगलता है, आदि।

ग्रहण ईश्वरीय घटना नहीं है। खगोल विज्ञान और प्रकाश विज्ञान के अध्ययन से ग्रहणों के कारण वैज्ञानिकों को ज्ञात हुए हैं। पृथ्वी, चंद्र और सूर्य के एक सीधी रेखा में आने पर ग्रहण होता है। सूर्य और पृथ्वी के बीच में चंद्र के आने पर पृथ्वी के कुछ भाग पर चंद्र की छाँव पड़ती है। उस वक्त उस इलाके के लोगों को सूर्य दिखाई नहीं देता है, इसे सूर्य ग्रहण कहते हैं। सूर्य और चंद्र के बीच में पृथ्वी के आने पर पृथ्वी की छाया में चंद्र आ जाता है; तब चंद्र ग्रहण होता है।

अजीब प्रतीत होनेवाली और जिनकी स्पष्टता नहीं होती ऐसी घटनाओं को ईश्वरीय शक्ति चिपकाने का प्रयास प्राचीन काल से चला आ रहा है। विज्ञान का इतना प्रसार होने पर भी इसे माननेवाले लोग अपने देश में बड़ी तादाद में है।

ग्रहण काल में गर्भवती स्त्री द्वारा हमेशा के काम करने में कोई हर्ज नहीं। ग्रहण काल में अन्न और जल दूषित होता है ऐसा मानना हास्यात्मक ही है। घर में रखे गागर का पानी दूषित होता है, तो नदी का पानी कैसे शुद्ध रहता है? वह तो अधिक ही दूषित हो जाना चाहिए। ऐसे दूषित पानी में नहाकर ग्रहण काल में अपवित्र बना शरीर कैसे पवित्र होता है?

आल्डस हक्सले नामक ख्यातलब्ध आंग्ल रचनाकार भारत आया तब कुम्भमेला के स्थान पर उसने क्या देखा? कीचड़युक्त गंदा पानी होनेवाली गंगा नदी में हजारों लोग नहा रहे थे। बीमार लोगों की उसमें भरमार थी। यह घिनौना दृश्य देखकर हक्सले ने कहा, "मैं लक्षाधीश का बेटा होता तो हिन्दुस्तान के लोगों को नास्तिक बनाने में अपनी पूरी जिन्दगी खपा देता।"

इक्कीसवीं सदी की ओर अग्रसर भारत में कुंभ मेले की भीड़ कम होगी?

पेड़ के तने से, डालियों से सफेद द्रव या जल निकलता है। लोग उसे भागीरथी आना कहते हैं। उसकी पूजा की जाती है। जादू-टोना करनेवाले पहले पेड़ पर जादू-टोने का प्रयोग करते हैं; उससे ही यह घटित होता है ऐसी धारणा है। इसमें सचाई क्या है?

पेड़ों में उत्सर्जक इंद्रियाँ नहीं होती हैं। उनके अन्दर सफेद, हरा, पीला द्रव होता है। यह द्रव कई बार जल जैसा होता है।

कुल्हाड़ी या अन्य किसी हथियार से पेड़ों की डाली पर चोट करने पर यह सफेद द्रव वहाँ से निकलना शुरू हो जाता है।

जिसका कारण अज्ञान के कारण ज्ञात नहीं होता है, उस घटना को चमत्कार कहा जाता है। पेड़ों के डालियों से आम तौर पर जल निकलता नहीं। मगर एकाध पेड़ से जल या सफेद द्रव निकलता देखते ही, उस घटना को भागीरथी प्रकट हुई ऐसा लोग मानने लगते हैं। भागीरथी यानी पुराणों में वर्णित पाताल की गंगा। पवित्र गंगा पेड़ों से प्रकट हुई इसलिए उस पेड़ की पूजा करने की गलत प्रथा शुरू हुई, वह ऊपर बताई वैज्ञानिक सचाई लोगों के न समझने के कारण हुआ।

गूलर, पीपल जैसे पेड़ों में पानी की मात्रा अधिक होती है। ऐसे पेड़ों के

तने की निचली सतह काटने से शाखाओं से शोषित जल कटे हिस्से से बाहर निकलता है। इसका भागीरथी प्रकट होने से कोई सम्बन्ध नहीं है।

इस विश्व में कोई भी किसी पर जादू-टोना नहीं कर सकता। पेड़ पर जादू-टोने का प्रयोग होने से उससे जल निकलता है, यह धारणा गलत है।

जादू-टोना कर पेड़, प्राणी या मनुष्य को हानि पहुँचाना सम्भव होगा तो, भारत सरकार का सुरक्षा मंत्रालय बंद करना होगा, जादू-टोना करनेवालों को सीमा पर रखना होगा। आंतकियों पर जादू-टोना कर उन्हें काबू में रखा जाए।

पायालू या उलटे पैदा हुए लोग जल कैसे खोज लेते हैं? इन व्यक्तियों के कारण तीन दिनों में दर्द ठीक होता है,किसी भी प्रकार का दर्द थम जाता है, क्या यह बात सच है? इन व्यक्तियों को अग्नि, जल, बिजली से खतरा होता है?

माँ के शरीर से बच्चा बाहर आते समय पहले सिर और बाद में पैर बाहर आ जाते हैं। कुछ अपवादों में बच्चे के पैर पहले बाहर आ जाते हैं। इस व्यक्ति को पायालू (जन्म के समय उलटा जन्मा) व्यक्ति कहते हैं।

पायालू व्यक्ति को धरती के नीचे के जल प्रवाह दिखाई देते हैं। धरती को पैर लगाने पर उसे जल की धारा की आवाज सुनाई देती है ऐसा माना जाता है। इस व्यक्ति ने अपना पैर दूसरे की दर्द होनेवाली पीठ पर फेर दिया तो तीन दिनों में दर्द गायब होता है ऐसा भी माना जाता है।

उपर्युक्त धारणाएँ गलत हैं।

विदेशों में पायालू मनुष्य की शक्ति की वैज्ञानिक जाँच हुई है। धरती के नीचे जल की पाइपलाइन रखकर, विशेष पाइपलाइन से जल छोड़ने पर किस पाइप से पानी बह रहा है यह उस व्यक्ति को पहचानने को कहा गया। इस पद्धति से की गई जाँच में पायालू व्यक्ति जल का प्रवाह ढूँढ़ सकता है; यह दावा झूठ साबित हुआ है। इस प्रकार की जाँच कराने को पायालू व्यक्ति तैयार होगा तो, भारत में भी ऐसी जाँच कर सकते हैं। अनुभूति ऐसी है कि पायालू व्यक्ति द्वारा बताए स्थान पर निश्चित रूप से जल मिलता है जबकि ऐसा नहीं। एकाध स्थान

पर जमीन में जल होगा या नहीं। जल होगा तो उसे पायालू व्यक्ति ने ही ढूँढ़ निकाला ऐसा प्रचार होता है। जल न मिलने पर लोग चुप बैठते हैं।

एकाध स्त्री को लड़का या लड़की होगी इसका निदान पाखंडी बाबा करते हैं। लड़का ही होगा इसे बाबा लोग बेझिझक कहते हैं। स्त्री को लड़का या लड़की ही होगी। लड़का हुआ तो इसका श्रेय बाबा को मिलता है। लड़की हुई तो स्त्री नसीब को कोसती हुई चुप बैठती है। संख्याशास्त्र के लॉ ऑफ प्रॉबेबिलिटी के अनुसार यह घटित होता है।

पायालू व्यक्ति के कारण दर्द ठीक होता है इसका भी कोई वैज्ञानिक आधार नहीं है। दर्द कितना है, कहाँ है, यह बात महत्त्वपूर्ण होती है। कम-अधिक दर्द दो-तीन दिनों में स्वाभाविकत: ठीक होता है। ऐसे व्यक्तियों का पायालू व्यक्ति द्वारा इलाज करने से उसे श्रेय मिलता है।

पीठ के दर्द के कई कारण हो सकते हैं। पथरी, रीढ़ की हड्डी का दोष, स्नायु दर्द, ऐसी पीठ की बीमारियाँ पायालू व्यक्ति द्वारा ठीक हो जातीं तो, अस्थिरोग तज्ञों को अस्पताल बंद करने पड़ते।

पायालू व्यक्ति को अग्नि, बिजली, जल इससे डरने का कोई कारण नहीं। और माँ के शरीर से उलटे जन्मे व्यक्ति को विशेष गुण प्राप्त होते हैं, इसका जीवशास्त्र में भी कोई प्रमाण नहीं है।

टोना-टोटका करने पर दुश्मन की मृत्यु कैसे होती है?

हृदय की गति बंद होने से (हार्ट अटैक) व्यक्ति पल भर में मर जाता है, यह हाल ही में सामने आई सचाई है। मेरे बचपन में कराड में बैलों की टक्कर हुई थी। कराड, इस्लामपुर के इलाके के दो मगरूर बैलों की भिड़ंत लगाई गई। एक बैल ने अपना कपाल दूसरे बैल के कपाल से हल्के से भिड़ा दिया। तुरन्त दूसरा बैल गिर गया और पल भर में मर गया। जीते हुए बैल के मालिक ने जीत के लिए मांत्रिक के द्वारा बैल पर टोना-टोटका किया गया था ऐसी चर्चा भिड़ंत देखने को आए दर्शकों में शुरू की थी। आज वह याद आने पर हँसी आ जाती है। क्या हुआ होगा?

भारी भीड़, अजीब वातावरण के कारण घबराए बैल की डर के कारण अचानक मृत्यु हुई होगी।

हार्ट अटैक से पल भर में व्यक्ति मर जाता है, इसकी जानकारी पहले लोगों को नहीं थी। इसी कारण इस प्रकार से मृत हुए व्यक्ति की टोना-टोटका के कारण मृत्यु हो गई, ऐसी धारणा प्रचलित हुई होगी।

कारण ज्ञात न होनेवाली घटनाओं के पीछे ईश्वरीय या अघोरी शक्तियों का सम्बन्ध जोड़ने का टोना-टोटका यह और एक अंधविश्वास का प्रकार है।

'टोटका' यह क्या मामला है? टोटका करने से सम्पत्ति में वृद्धि होती है, यह सच है?

लोगों में ऐसी धारणा होती है कि शीघ्रता से अमीर बने परिवार के पास टोटका होता है। विशेष स्थान पर टोटके मिलते हैं। जिनके घर में टोटका होता है; उनकी सम्पत्ति में वृद्धि होती है। कारण, टोटका पड़ोस के घर की चीज (पोली, रोटी आदि) या पड़ोस के खलिहान की राशियों का धान गुप्तता से अपने मालिक के घर में या खलिहान में ले आता है। विदर्भ में टोटके को 'कुसली' कहते हैं। माण-दहीवडी (सातारा) इलाके में उसे 'पितर' नाम से पहचानते हैं।

जिनका कारण ज्ञात नहीं होता उन रहस्यमयी घटनाओं के पीछे, भूत, भानमती जैसी अमानवी शक्तियों का हाथ होता है; ऐसी धारणा विज्ञानपूर्व काल में रूढ़ हुई। विज्ञान से अब ज्ञात हुआ है कि भूत-प्रेत नहीं होते हैं। भानमती यानी मनुष्य द्वारा की भौतिक, रासायनिक हाथ की सफाई ही होती है। टोटका भी ऐसी ही एक भ्रामक कल्पना है। जमीन पर रखी पिन एक मिलीमीटर हिलानी हो तो उसे भौतिक बल (Force) लगाना पड़ता है। कोई भी वस्तु अदृश्य शक्ति से हिलाई जाती है ऐसा जो समझते हैं उन्हें यह ज्ञात नहीं होता है कि टोटके के जरिए यह सम्भव नहीं। वस्तु हिलती है यह सच होगा तो किसी का तो हाथ या अन्य प्रकार का बल उसे हिलाता है। इसमें टोटका नहीं होता। वस्तु हिलती है यह केवल आभास हो सकता है।

वाकई टोटका होता तो धान या रोटियों के अलावा वे सोना या पैसे क्यों

नहीं भगाते? दहेज में डॉक्टर जमाई को पचास तोला सोना देना है। टोटका घर में लाओ; पड़ोसी के घर में स्थित सोना टोटके को अपने घर में लाने के लिए कह दो। आराम से घर में बैठे। अमीर बनो।

टोटका नहीं होता तो खलिहान का धान, घर की रोटियाँ कैसे गायब होती हैं? खलिहान के धान के ढेर में से धान नौकर ले जाता होगा। संयुक्त परिवार में अपनी स्वतंत्र गोपनीय पूँजी जमा करने की भाई-भाइयों की आदत होती है। एकाध भाई गुप्तता से धान के ढेर से धान की चोरी करके छिपाकर रखता होगा और धान के ढेर से धान गायब होने का स्वयं प्रचार करता होगा। पड़ोस के खलिहान के धान का ढेर बड़ा था क्या? वह किसान मेहनती होता है। आलसी परिवार द्वारा उस पर आरोप लगाना, उसने टोटका किया ऐसी धारणा रखना यह उस आलसी कमजोर मन का ही हिस्सा है। संयुक्त परिवार की बहुओं को स्वतंत्रता नहीं होती है। कभी-कभी उत्सवों का भोजन शेष न रहने की या कम पड़ने की सम्भावना होती है। ऐसे समय भूखी बहुएँ पुरण पोलियों को छुपाकर पुरण पोलियाँ गायब होने का प्रचार कर सकती हैं।

मासिक धर्म होने वाली स्त्री द्वारा अचार को हाथ लगाने पर या उसकी छाया पड़ने पर अचार खराब हो जाता है। उसके छूने पर द्राक्ष, पान का बाग सड़ जाता है, यह सच है?

यह सच नहीं है।

स्त्री के स्त्री बीजकोश से बीज बाहर निकलता है। वह बीज नलिका मार्ग से गर्भाशय में आता है। गर्भाशय में उसका मिलन पुरुष बीज से होने पर गर्भधारण होता है। यह गर्भधारण हो इसी अपेक्षा से स्त्री बीज बाहर पड़ने से ही प्रकृति ने गर्भाशय गर्भधारण के लिए अनुकूल करने की क्रिया शुरू कर दी होती है। मगर गर्भ न ठहरने पर यह तैयारी बेकार जाती है और निर्माण हुई अन्तर त्वचा मासिक स्राव के द्वारा बाहर निकलती है। इसे ही मासिक धर्म कहते हैं।

उपर्युक्त विवेचन से यही ज्ञात होता है कि स्त्री का मासिक धर्म एक स्वाभाविक आसान क्रिया है। उपयुक्त न होनेवाला पदार्थ शरीर के बाहर फेंक

देना इस क्रिया को अपवित्र क्यों मानना?

स्त्री-पुरुषों के शरीर विभिन्न अनुपयुक्त पदार्थ निरन्तर बाहर फेंकते हैं। विनोबा ने मनुष्य शरीर को मलमूत्र की गंदी गंगा कहा है। जैसे मल, मूत्र, पसीना, उसी प्रकार स्त्री का मासिक धर्म। मल, मूत्र उत्सर्जन से स्त्री-पुरुष अपवित्र नहीं होते हैं तो मासिक धर्म से अपवित्र कैसे? पुरुष के वीर्यपतन के समय पुरुष को अपवित्र पुरुष क्यों नहीं कहते?

मासिक धर्म के वक्त स्त्री अपवित्र होती है इसी कारण पान सड़ जाता है, अचार सड़ जाता है, यह स्त्रियों पर अन्याय करनेवाला अंधविश्वास है।

मासिक धर्म से युक्त स्त्री को नौका में नहीं बैठना चाहिए; यदि स्त्री नौका में बैठती है, तो नौका उलट जाती है, ऐसी कई भ्रामक कल्पनाएँ स्त्री के मासिक धर्म के बारे में प्रचलित हैं। उपर्युक्त विवेचन से वे हास्यास्पद हैं, इसे जानकार समझ सकते हैं।

बैल भूत-भविष्य पहचानता है, भीड़ में लोगों के प्रश्नों के उत्तर देता है, नाम पहचानता है। यह कैसे घटित होता है?

वर्जीनिया (अमेरिका) राज्य की फोंडा नामक स्त्री ने लेडी वंडर नाम की घोड़ी पाल रखी थी। लेडी वंडर लोगों के प्रश्नों का अचूक उत्तर देती है, ऐसा प्रचार हुआ। घोड़ी की अतींद्रिय शक्ति की जानकारी ए. बी. व्हाइन इस मानसशास्त्रज्ञ ने जाँच करके परख कर दी। व्हाइन के अनुरोध के बाद लेडी वंडर के पास प्रश्न लेकर आनेवालों का ताँता लग गया।

प्रो. स्कार्न (न्यू जर्सी, अमेरिका) ने बाद में इस घोड़ी के अतींद्रिय शक्ति की जाँच कर दी तो, फोंडा स्त्री की धोखाधड़ी सामने आ गई।

घोड़ी के सामने अक्षरों के लकड़ी के ठीहे बिछाए गए थे। श्रीमती फोंडा बगल में हाथ में हंटर लेकर खड़ी रहती थीं। घोड़े की आँखें बाजू में होती हैं। इसी कारण घोड़ी को दोनों तरफ दिखाई देता था (विशेष कोण से)। फोंडा के हंटर बजाते ही घोड़ी अपना मुँह लकड़ी के ठीहे से हिलाती थी। प्रश्न या उत्तर yes देना हो तो y अक्षर के पास घोड़ी का मुख आने पर फोंडा फिर से हंटर

हिलाती। उस समय घोड़ी y अक्षर को छू जाती। इस तरकीब से घोड़ी YES या NO अथवा TODAY आदि शब्दों के द्वारा प्रश्नों के उत्तर देती थी।

प्रो. स्कार्न ने घोड़ी से प्रश्न पूछा। उसे फोंडा ने भी सुना। उसने हंटर के द्वारा घोड़ी को संकेत दिया। बाद में स्कार्न ने प्रश्न कागज पर लिख दिया। कागज फोंडा को नहीं दिखाया गया। घोड़ी को प्रश्न पहचानकर उत्तर देना सम्भव नहीं हुआ। कारण, फोंडा के संकेतों के बिना घोड़ी अक्षरों से सम्बन्धित लकड़ी के ठीहे पहचान नहीं सकती थी। इस धोखाधड़ी को उजागर करते ही फोंडा की अतींद्रिय शक्ति का कारोबार ही बंद हो गया।

प्रश्न करनेवालों ने बैल के मालिक और बैल को प्रयोग के समय प्रो. स्कार्न की तरह चिकित्सक दृष्टि से देखा होता तो बैल प्रश्नों के उत्तर किन संकेतों से देता है यह ज्ञात हो जाता। बैल का मालिक उसे प्रशिक्षित कर संकेतों के प्रयोग से प्रश्नों के उत्तर देता होगा; यह स्पष्ट है।

महाराष्ट्र में विभिन्न स्थानों पर यात्रा के समय बारह सवारियाँ खींचने का चमत्कार किया जाता है। उसका रहस्य क्या है?

एक के आगे एक ऐसी बारह सवारियाँ एक-दूसरे से जुड़ी होती हैं। यात्रा के समय ईश्वरीय संचार से प्रभावित व्यक्ति ईश्वरीय शक्ति से अकेला ही बारह सवारियाँ खींच लेता है।

ईश्वरीय शक्ति से अकेला पुजारी बारह सवारियाँ खींच लेता हैं, यह बात सच नहीं है।

सवारियाँ खींचने के समय सवारियों के आस-पास लोगों की भारी भीड़ होती है। इस भारी भीड़ में सवारियाँ कैसे शुरू हुईं यह ज्ञात नहीं हो पाता है। चतुराई से उक्त भेद का नजदीक से निरीक्षण करने पर इसका रहस्य ज्ञात हो जाता है।

सवारियाँ ढलान पर खड़ी की गई होती हैं। भगवान का जयघोष कर जब भक्त शक्ति लगाता है उसी समय कई कुशल भक्त भगवान के नाम का जयघोष कर सवारियों पर चढ़ते हैं। चढ़ते-चढ़ते वे चतुराई से सवारियों को धकेलते हैं।

सभी के धक्कों से सवारियाँ शुरू होती हैं। एक बार सवारियों को गति मिलने पर जड़त्व के नियमों के अनुसार वे गतिशील रहती हैं। रोलर को एक साथ कइयों का बल प्राप्त होने पर रोलर शुरू हो जाता है। एक बार उसके शुरू होने पर अकेला आदमी रोलर खींच सकता है। भौतिक शास्त्र के न्यूटन के गति के पहले नियम के अनुसार यह घटित होता है।

बारह सवारियाँ अकेला पुजारी ईश्वरीय शक्ति से खींचता होगा, तो सवारियों पर चढ़नेवाले लोग जो बल लगाते हैं, उसे टालकर वे रेत में से सवारियाँ खींचने का प्रयोग क्यों नहीं करते? ईश्वरीय शक्ति के लिए बात यह असम्भव क्यों है? और पुजारी ही क्यों, ईश्वर बारह सवारियाँ अपने आप गतिमान नहीं कर सकता है?

येल्लाम्मा के नाम से बढ़ाई जटाएँ काटने पर प्रकोप होता है, यह सच है?

यह बात सच नहीं है। येल्लाम्मा का अर्थ है विश्व की माँ। माँ लड़कियों की जटाएँ बढ़ाकर उन्हें विद्रूप करेंगी?

अस्वच्छता और अज्ञान के कारण बालों में जटाएँ होती हैं। येल्लाम्मा के भक्त (बूढ़े पुजारी, ओझा आदि) बताते हैं जटाएँ येल्लाम्मा के कारण होती है। माँ के नाराज होने से; अब जटा को कंघी नहीं लगानी होती है, उस पर हलदी-कुमकुम लगाकर बरगद के पेड़ का द्रव लगाना होता है। फिर जटाएँ अधिक मजबूत बनती हैं। कुछ जटावाली स्त्रियों के गले में येल्लाम्मा का दर्शन बाँध लिया जाता है। उसका विवाह देवी से किया जाता है। ऐसी देवदासी येल्लाम्मा माँ की चँगेर (फूल रखने की डलिया) लेकर गाँव-गाँव देवी के नाम से भिक्षा माँगती हुई भटकती रहती है। वह गाँव की भोगदासी बन जाती है। कई बार दलाल देवदासी को मुंबई में वेश्या व्यवसाय के लिए भेज देते हैं।

अपनी ही बेटी वेश्या बने यह येल्लामा की इच्छा कैसे होगी? अघोरी अंधविश्वास, निर्धनता और अज्ञान के कारण होनेवाला स्त्रियों के यौन शोषण का यह अमानुष प्रकार है।

गारगोटी के डॉ. आनंद वास्कर ने जटाओं को खोलने का प्रभावी कार्य शुरू

किया। उन्होंने 400 के आस-पास लड़के-लड़कियों की जटाओं को खोल दिया। येल्लाम्मा के नाम पर भिक्षा माँगनेवाली स्त्रियों ने उन्हें धमकाया। इस काम को बंद करो नहीं तो यल्लम्मा माँ तुम्हें एक साल के अन्दर नपुंसक बनाएँगी। डॉ. वास्कर के नपुंसक बनने की नौबत नहीं आई।

डॉ. वास्कर के कार्य से प्रेरित होकर सातारा अंधविश्वास निर्मूलन समिति ने सातारा इलाके में जटा निर्मूलन कार्य शुरू कर दिया। विगत दो सालों में 125 जटाएँ सुलझाईं। इन कार्यकताओं पर येल्लाम्मा का प्रकोप नहीं हुआ। जटामुक्त स्त्रियाँ खुशी से जी रही हैं।

अब तक जटामुक्त स्त्रियों और पुरुषों की तादाद एक हजार के आसपास पहुँची होगी। इन सभी महिला-पुरुषों और जटा निर्मूलन कार्य के कार्यकताओं पर येल्लाम्मा का कोई भी प्रकोप नहीं हुआ है।

(अ) साँप भैंस के पैरों से लिपटकर उसका दूध पीता है, क्या यह सच है?

(आ) बीन बजाने पर साँप बिल से बाहर आकर डोलने लगता है ऐसा कहते हैं। इस सम्बन्ध में आपकी क्या राय है?

(इ) साँप सौ साल का होने पर अपना रूप बदलकर दूसरा कोई भी रूप धारण कर सकता है, ऐसा हम फिल्म में देखते हैं; क्या यह सच है?

(ई) नाग के सिर पर मणि होती है और वह अँधेरे में चमकती है, यह सच है?

(अ) दूध सस्तन प्राणी का खाद्य है। साँप रेंगनेवाला प्राणी है। दूध उसका खाद्य नहीं। वह केवल मांसाहार करता है। उसे मरा हुआ शिकार पसन्द नहीं। साँप को पानी न देने पर दूध को जल समझकर वह उसे चाटता रहता है। खेत में या गाय-भैंस के पैरों से लिपटकर उसके दूध पीने की सम्भावना नहीं।

(आ) साँप के कान नहीं होते हैं। उसे केवल जमीन में होनेवाला कंपन महसूस होता है। इसी कारण केवल बीन बजाने से नाग डोलता नहीं। सपेरा बीन

बजाते वक्त बीन हिलाता है। हिलती हुई चीजों का शिकार करना यह साँप को कुदरत से मिली देन है। अगर प्रत्यक्ष में सपेरे को बीन न हिलाते हुए बजाने को कहेंगे या साँप और बीनवाले के बीच में एकाध परदा रखने से वह डोलना तो दूर फन भी नहीं निकालेगा।

(इ) साँप सौ सालों का होने पर रूप बदलता है, इस कल्पना का कई फिल्मों के दिग्दर्शकों ने लाभ उठाया है। साँप की आयु पाँच या सात साल होती है। अत: सौ सालों के बाद साँप रूप बदलता है, यह कल्पना ही मूर्खता की है।

(ई) नाग के सिर पर कोई भी मणि नहीं होती है। अब तक जिन लोगों ने अपने पास सर्प मणि है ऐसा दावा किया है; उनकी मणि की प्रत्यक्ष जाँच के बाद उसमें हलदी-कुमकुम के पत्थर या साँप के जहर के सूखे हुए स्फटिक कण दिखाई दिए।

(अ) साँप बैर रखता है? मंत्र से साँप का जहर उतार सकते हैं, ऐसा हमने देखा है। इस संदर्भ में आपकी क्या राय है?

(आ) जिस स्थान पर धन होता है, वहाँ भुजंग होता है, यह सच है?

(अ) साँप बैर रखता है, मनुष्य का स्पर्श होने पर उसकी आवाज को ध्यान में रखता है; तलवार से सिर काटने पर भी वह उस आदमी को ढूँढ़कर उसके जूते में बैठता है और उसे काटता है। हल का फाल लगने से नागिन के बच्चे गलती से भी मरें तो, नागिन हल चलानेवाले से बदला लेती है, ये सभी मान्यताएँ गलत हैं।

साँप के कान नहीं होते हैं। इसी कारण उसे सुनाई नहीं देता। आवाज सुन नहीं सकता तो बदला कैसे लेगा?

साँप की कुत्ते जैसी घ्राणेंद्रिय नहीं होती है। कुत्ता जैसे गंध को सूँघकर मार्ग निकालता है उसी तरह साँप नहीं निकाल सकता। साँप की दृष्टि मंद होती है। तीन फिट से आगे उसे साफ दिखाई नहीं देता है। इसी कारण चेहरा पहचान लेना साँप के लिए असम्भव होता है। साँप के टुकड़े हुए तो दोनों टुकड़े मर जाते हैं। साँप को छोटा-सा भी जख्म हो तो उस जख्म को चींटियाँ लगती हैं और वह मर जाता है।

उपर्युक्त सभी कारणों को समझ लें तो साँप के बैर रखने की सम्भावना ही नहीं है।

मंत्रों से साँप का जहर उतर जाता है; यह घातक अंधविश्वास है। अकेले भारत में हर साल पचहत्तर हजार लोग साँप के काटने से मरते हैं। उनमें से अधिकांश लोगों की जान मंत्रों पर होनेवाले अंधविश्वास से होती है।

भारत में मिलनेवाले साँपों में से 80% प्रतिशत साँप जहरीले नहीं हैं। महाराष्ट्र में जहरीले साँप की सिर्फ चार ही प्रमुख जातियाँ हैं। नाग, मन्यार, घोणस और फुरसे।

अधिकांश प्रसंगों में व्यक्ति को काटनेवाला साँप जहरीला नहीं होता है। अपवादात्मक रूप में जहरीले साँप के काटने पर जहर की शरीर में होनेवाली मात्रा व्यक्ति के मरने के लिए पर्याप्त नहीं होती है। इसी का लाभ मांत्रिकों को मिलता है। जहर की मात्रा अधिक होने पर जहरीले सर्पदंश से व्यक्ति की मृत्यु निश्चित हो जाती है। ऐसे समय बेतुका कारण देकर मांत्रिक जिम्मेदारी टाल देता है।

(आ) भुजंग नाम का कोई साँप ही नहीं है। बड़े किसी भी साँप की आयु दस साल से कम होती है। (पाँच से आठ साल) इसी कारण गुप्त धन पर भुजंग डेरा जमाए रहता है यह झूठ है।

नींद में कोई तो सीने पर बैठा हुआ है ऐसा प्रतीत होता है; सीना धड़कने लगता है, ऐसा क्यों होता है?

इसके दो कारण होते हैं—1. शारीरिक और 2. मानसिक।

1. अपने पेट की भीतरी सतह पर परदा (डायफ्रैम) होता है। अपचन, गैस आदि कारणों से इस परदे पर बल पड़ता है। यह बल सीने में जान पड़ता है और सीने पर दबाव पड़ने से सीना धड़कता है।

मनुष्य को कई बार गलत आदतें लगी होती हैं। गलत ढंग से (Bad Posture) बैठने से पीठ पर बल पड़ने से रीढ़ की हड्डी या स्नायु की बीमारियाँ उत्पन्न होती हैं। गलत ढंग से सोने की आदत के कारण सीने पर बल पड़ेगा और नींद लेते समय हमारी गलती हुई है; यह समझ में न आने के कारण सीने

पर किसी के बैठने का भ्रम निर्माण होता है।

2. कभी-कभी दिन भर जो विचार मन में आते हैं, वे सपने में भी आते हैं। किसी से झगड़ा हो या होने का डर लग रहा हो तो इसी प्रकार के झगड़ों का सपना आता है। सपने में अपने सीने पर कोई व्यक्ति बैठी दिखाई देगा। मगर मनुष्य को सभी सपने याद रहते हैं ऐसा नहीं। अधिकांश सपने याद नहीं रहते हैं। उसी कारण सपने से बाहर आने पर सपना याद न रहकर सिर्फ किसी के सीने पर बैठने का भ्रम निर्माण होना स्वाभाविक और सम्भव है।

इस संदर्भ में मेरा एक अनुभव यहाँ बताने लायक है। मैं निफाड (जिला नाशिक) के कॉलेज में परीक्षा के काम के लिए सीनियर सुपरवाइजर के तौर पर गया था। परीक्षा का केन्द्र (कॉलेज) गाँव से कुछ दूरी पर था। सहयोगी नाशिक के थे। वे नाशिक से जिस दिन परीक्षा शुरू हुई, उसी दिन गए। मुझे कॉलेज के कमरे में अकेले रात बितानी पड़ी। पहले दो दिन बड़ी संख्या में नकल के मामले पकड़े गए थे। वहाँ के प्राध्यापकों ने सावधान रहने की सलाह दी थी।

गर्मी के कारण कॉलेज के मैदान में अकेला ही सोया था तभी सीने पर किसी के बैठने का भ्रम हुआ; झट से नींद खुल गई। दो मिनट मैं हिल न पाया। किसी तरह उठ गया। फिर किसी के भी नजदीक न होने का मुआयना किया। अकेलापन और दिनभर की घटनाओं का असर होगा, ऐसा मानकर मैं कॉलेज के बरामदे में आ गया। तब तक दो चपरासी आ गए थे। मैं उनके नजदीक सो गया। जो मन में होता है वही सपने में दिखाई देता है, इसे पाठक समझ सकेंगे।

कई चमत्कारों से भरे विश्व का कैसे निर्माण हुआ? पहले मुर्गी या पहले अंडा?

मुर्गी का जन्म अंडे से होता है। पहले अंडा तैयार हुआ ऐसा कहें तो अंडा देने के लिए पहले मुर्गी चाहिए। पहले मुर्गी तैयार हुई ऐसा कहें तो अंडे के बिना मुर्गी कैसे तैयार हुई?

यही प्रश्न अंडे न देनेवाले मगर बच्चों को जन्म देनेवाले प्राणी या मनुष्य के सम्बन्ध में पूछ सकेंगे। एक प्राणी दूसरे प्राणी को जन्म देता है। पहले प्राणी

का कैसे निर्माण हुआ? पहले मनुष्य का कैसे निर्माण हुआ?

पेड़ों के इतिहास के सम्बन्ध में पहले पेड़ या पहले बीज ऐसा इस प्रश्न का प्रकार है।

उपर्युक्त प्रश्न सार रूप में इकठ्ठा कर सकते हैं। पृथ्वी पर प्राणी, पेड़ आदि यानी जीवसृष्टि का कैसे निर्माण हुआ और कब निर्माण हुआ?

इससे भी आगे जाकर इतनी भिन्नता धारण किए हुए पृथ्वी कैसे और कब निर्माण हुई और सूर्य, चंद्र, तारे जिसमें समाए हैं वह विश्व कैसे और कब निर्माण हुआ?

उपर्युक्त प्रश्नों के उत्तर ढूँढ़ने का प्रयास बहुत पहले से मनुष्य करता आया है।

पहला प्रयास यानी विभिन्न धर्म के विद्वानों ने रखीं कल्पनाएँ। ईश्वर ने जीवसृष्टि और विश्व का निर्माण किया ऐसा सभी धर्मग्रंथों में बताया गया है। मगर धर्ममार्तण्डों की उक्त कल्पना यानी छह अंधे और एक हाथी इस कहानी का हिस्सा हैं।

छह अंधे व्यक्तियों ने हाथी के विभिन्न अंगों को स्पर्श किया और सभी हाथियों का वर्णन एक-दूसरे को बताने लगे। पूँछ को स्पर्श करनेवाले अंधे ने कहा, 'हाथी रस्सी जैसा है।' कान को स्पर्श किया अंधा चिल्लाया, 'हाथी सूप के समान है' सूँड़ को स्पर्श करनेवाले के अनुसार हाथी अजगर जैसा होना चाहिए। बाइबल में ईश्वर द्वारा छह दिनों में सृष्टि का निर्माण करने का वर्णन है। हिन्दू धर्मग्रंथों में अलग ही कल्पना है। आदम और इव स्त्री-पुरुष दोनों स्वर्ग से पृथ्वी पर आ गए और उनसे मनुष्य उत्पत्ति शुरू हुई, ऐसा बाइबल में बताया है तो मनु से मानव सृष्टि हुई ऐसी धारणा हिन्दू धर्म की है। ब्रह्मा के सिर से ब्राहमण, पैरों से शूद्र निर्माण हुए। पृथ्वी शेषनाग पर खड़ी है, विभिन्न धर्मों की विश्व, पृथ्वी और जीव सृष्टि की कल्पना अलग-अलग, किसी भी बात में निश्चितता नहीं; किसी भी बात का कोई प्रमाण नहीं।

जीवसृष्टि ईश्वर द्वारा निर्मित है। उक्त उत्पत्ति कोई भी विद्वान मनुष्य स्वीकार नहीं करेगा, इसका कारण विशेष निर्माण केवल कल्पना है। सत्य नहीं।

बंद कोठार में बाहर से घुसने का मार्ग न होते हुए की धान में अचानक

कीड़े तैयार होते हैं और पहली बारिश पड़ने पर अचानक मेढक दिखाई देते हैं। इसके इस प्रकार के निरीक्षण से; निर्जीव पदार्थ से सजीव प्राकृतिक रूप से तैयार होते होंगे; इस प्रकार की दूसरी उत्पत्ति सामने आ गई। इजिप्ट में नाइल नदी के कीचड़ से सुसर तैयार होती है, ऐसा माना जाता था। बिच्छू और मक्खी भैसों के गोबर से तैयार होते हैं ऐसा माना जाता था। इस उत्पत्ति को कुदरती निर्मिति (Spontanious Creation) कहते हैं।

19वीं सदीं के उत्तरार्ध तक प्राकृतिक निर्माण उत्पत्ति का उत्तर नहीं था। इटालियन डॉक्टर रेडी स्पैलनाझिनी, फ्रेंच रसायन तज्ञ पाश्चर के प्रयोग ने प्राकृतिक निर्माण की उत्पत्ति गलत होने की बात प्रमाणित कर दी। सड़नेवाले मांस में जो कीड़े दिखाई देते हैं, वे मांस से नहीं बनते हैं, वे तो मांस में होनेवाले सूक्ष्म अंडों से तैयार होते हैं। ये अंडे हवा, पानी के द्वारा आते हैं अथवा मांस में ही होते हैं। वे आँखों को दिखाई नहीं देते हैं। मांस उबालकर सीलबंद बर्तन में रखें तो उसमें कीड़े नहीं होते हैं, इसे रेडी ने प्रमाणित किया है। रेडी, पाश्चर के प्रयोग से स्वाभाविक निर्माण की कल्पना पीछे पड़ गई।

आज अस्तित्व में होनेवाले विभिन्न पेड़ और प्राणी सृष्टि के निर्माण की विश्वसनीय उत्पत्ति अंग्रेजी जीवशास्त्रज्ञ डार्विन ने दी। बीगल जहाज से उसने विभिन्न प्रदेशों की यात्रा कर, विभिन्न पेड़ों और प्राणियों के जीवन का सूक्ष्म निरीक्षण किया। इस निरीक्षण की जाँच करते समय उसके दिमाग में उत्क्रांति की कल्पना आ गई। डार्विन के उत्क्रांतिवाद से पहले मुर्गी या पहले अंडा, इस प्रश्न का उत्तर हमें मिला है। उत्क्रांति तत्त्व के अनुसार कई दस लाख सालों के पूर्व एकपेशी जीव पृथ्वी पर निर्माण हुए। इन एकपेशी जीव में धीरे-धीरे बदलाव होकर आज दिखाई देनेवाले प्राणी और वनस्पति सृष्टि अस्तित्व में आ गई।

चार सौ दस लाख साल पहले रीढ़ की हड्डी होनेवाला पहला आदिमच्छ निर्माण हुआ। उसमें धीरे-धीरे बदलाव होकर मछली तैयार हुई। मच्छियों से मेढक जैसे उभयचर प्राणी, उभयचर प्राणियों से बड़े-बड़े रेंगने वाले प्राणी, इन प्राणियों से पंछी और सस्तन प्राणियों का विकास हुआ। सस्तन प्राणियों की एक शाखा बंदरों की; बंदरों में उत्क्रांति होकर मनुष्य का निर्माण हुआ।

पृथ्वी पर आदिजीव कैसे निर्माण हुए इस पहेली का उत्तर मिला है। विज्ञान

की हाल ही की खोज का निष्कर्ष इस प्रकार है—

लगभग पाँच हजार दस लाख साल पहले पृथ्वी का निर्माण हुआ। तीन हजार दस लाख साल पहले पृथ्वी पर समंदर तैयार हुआ। इस पानी में शर्करा, एमिनो एसिड से मोटीन के रेणु बन गए। न्यूक्लिक एसिड्स तैयार हुए। न्यूक्लिक एसिड और प्रोटीन्स के संयोग से जीन्स और वायरस निर्माण हो गए। अगली कड़ी यानी इससे बैक्टेरिया अल्गी, अमीबा जैसे एकपेशी प्राणी निर्माण हो गए। ये आदिजीव यानी हमारे पूर्वज।

हर जीवित प्राणी की पेशियों में होनेवाला एमिनो एसिड और न्यूक्लिक एसिड उनका मूल घटक होनेवाले अमोनिया, मिथेन और जल के संयोग से निर्माण कर सकते हैं; इसे मिलर नामक अमरीकन वैज्ञानिक ने प्रमाणित किया है। यह अचेतन वस्तु से सचेतन सृष्टि निर्माण होने का प्रमाण है।

पृथ्वी, सूर्य, चंद्र, तारे कैसे और कब निर्माण हुए हैं, इस प्रश्न का उत्तर खगोल वैज्ञानिकों ने दिया है। विश्व के निर्माण की दो उत्पत्तियाँ मानी जाती हैं। एक, स्टेडी स्टेट थ्योरी; दूसरी, बिग बैंग थ्योरी। हमारे प्रश्न के उत्तर के लिए इन उत्पत्तियों की गहराई में जाने की आवश्यकता नहीं है। किन्तु इतना सच कि विश्व के निर्माण के शुरू में हाइड्रोजन वायु के घने बादल आकाश में घूम रहे थे। दुर्घटना से इन अणु के छोटे कणों का पैकेट तैयार हुआ। गुरुत्वाकर्षण से पैकेट संकुचित हुआ और उससे तारे बने। तारों के अंतरंग में हाइड्रोजन के फ्यूजन से अन्य मूलद्रव्य तैयार हो गए। तारों के विस्फोट से उक्त द्रव्य आकाश में बिखर गए जिससे सूर्य के समान नए तारों का निर्माण हुआ। पृथ्वी सूर्य से तैयार हुई। पृथ्वी पर जीवों का विकास कैसे हुआ, इसे हमने पहले देखा ही है।

इस ढंग से लगातार घटित हुई घटना हाइड्रोजन बादल, तारों का निर्माण और मृत्यु, सूर्य और पृथ्वी का जन्म, जीवन का पृथ्वी पर उदय और अंत में जीवों में उत्क्रांति, मनुष्य, मुर्गी आदि का विकास ऐसा अपनी निर्मिति का क्रम है।

'We are brothers of the baulders, cousins of the clouds.'

—Haslow Shapley

'हम रिश्तेदार पत्थर, बादलों के।'

विश्वास-अंधविश्वास

श्रद्धा यानी क्या? विश्वास यानी क्या? अंधविश्वास किसे कहें? अंधविश्वास का अनुचित लाभ उठाकर अपने भले के लिए धोखाधड़ी करना गुनाह है, यह बात कबूल किन्तु अंधविश्वास सर्वत्र त्याज्य है? देश पर, ईश्वर पर होनेवाली श्रद्धा-अंधविश्वास क्या है? अंधविश्वास के कारण जिन्हें लाभ हुआ उनके लिए आपका क्या संदेश है? उदाहरण, मार्क्सवाद को मानने के कारण रूस में समाजवाद आ गया। सावरकर की देश की आजादी पर श्रद्धा थी, इसीलिए उन्होंने कठोर शारीरिक यातनाओं को सहा। ऐसे श्रद्धावानों को अंधविश्वास माननेवाले समझकर निर्बुद्ध कहेंगे?

अंधविश्वास उन्मूलन के क्षेत्र में इस प्रकार के प्रश्न निरन्तर पूछे जाते हैं। श्रद्धा, अंधविश्वास, विश्वास ये बातें समझते समय मन में उठनेवाले विचार और भावनाओं का प्रतिबिंब उसमें समाया होता है। मनुष्य का व्यक्तित्व विचार और जज्बातों के मेल से बना होता है। विश्वास, श्रद्धा, अंधविश्वास इसमें विचार और जज्बातों की मात्रा और उनकी तीव्रता, परिणाम कम-अधिक होता है।

विश्वास में विचारों की समग्र प्रधानता होती है। विज्ञान के नियम, वैज्ञानिक खोज, कार्यकारण भाव के आधार पर विश्वास किया जाता है। दो अधिक दो-चार होते हैं। पोलियो टीका देने से पोलियो नहीं होता। बिजली का प्रवाह शुरू रहने पर दिया प्रज्वलित होता है, पेट्रोल से सवारी चलती है। पेन में स्याही होगी तभी कागज पर अक्षर अंकित होता है। ये बातें प्रमाणित हुई होती हैं। उन्हें हम

विश्वास कहते हैं। विश्वास में जज्बातों का निवेश नहीं होता या कम होता है।

अंधविश्वास में इसके विपरीत स्थिति होती है। विज्ञान के नियमों को नजरअंदाज कर, कार्यकारण भाव का विचार छोड़कर, घटना स्वीकार की गई होती है। गुप्त धन या पुत्र प्राप्ति के लिए नरबलि देना, ईश्वर के लिए छोड़ी देवदासी, माता के प्रकोप से देवी रोग होता है ऐसा मानना या कॉलरा होने पर उसे मरी माँ का प्रकोप समझकर उसकी सवारी खींचना, इन बातों को आज हम गलत अंधविश्वास के तौर पर देखते हैं। मगर उसे माननेवाले व्यक्ति या समूह के लिए वह बात महत्त्वपूर्ण होती है। विचारों को नजरअंदाज कर व्यक्ति या समूह, उसमें जज्बातों को निवेश किया होता है। इसलिए ईश्वर को लड़की छोड़ने की और नरबलि की घटनाएँ होती रहती हैं। गाँववाले गाँव में घटित होनेवाली घटनाओं का कारण जादू-टोना समझकर या स्त्री को डायन समझकर उसे विवस्त्र कर उसे अपमानित कर सकते हैं। या बारिश नहीं हुई तो भगवान के मंदिर का गर्भगृह पानी से या दूध से भरा जाता है।

घटित होनेवाली घटना का ज्ञान, अनुभूति की सहायता से प्रश्न पूछने पर जिसकी सचाई प्रमाणित होती है, उसका कार्यकारण भाव ज्ञात हो जाता है, उसे विश्वास कहते हैं। जिसकी सचाई प्रमाणित नहीं होती उसे अंधविश्वास समझते हैं। प्रत्यक्ष में इस प्रकार की परख करना कई विषयों में कठिन या असम्भव होता है। कारण अंधविश्वास का एक विशेष पक्ष ऐसा भी है, कि उसे धारण करनेवाले व्यक्ति या समूह उसकी जाँच नहीं करते या अन्य लोगों द्वारा उसकी जाँच करना तो उन्हें पसन्द नहीं आता। इस प्रकार का कार्य उस व्यक्ति को या समूह को खुद के व्यक्तित्व की मानहानि प्रतीत होती है। अंधविश्वास में व्यक्ति ने अज्ञान को ज्ञान समझकर उस पर जज्बातों का आवरण चढ़ाया होता है। चिकित्सा की सहायता से उसकी जाँच करने का प्रयास व्यक्ति या समूह को दुखदायी प्रतीत होता है और खुद को असुरक्षित बनानेवाला लगता है। ऐसा होकर भी समाज से कुछ अंधविश्वास खत्म हो रहे हैं इसे हम देखते हैं। यह कैसे घटित होता है?

पहली बात यह कि जो अंधविश्वास भौतिक घटनाओं से सम्बन्धित होते हैं, वे विज्ञान के आलोक में अपने आप नष्ट हो जाते हैं। बारिश होना या ना होना, भूचाल, ज्वालामुखी का उद्रेक या बीमारियाँ इन्हें एक समय में ईश्वरीय

प्रकोप ही माना गया था। आज उन्हें मानना अंधविश्वास ही कहा जाता है। दूसरे, बदलते समाज की गतिशीलता के कारण कुछ अंधविश्वासों का पीछे छूट जाना अनिवार्य बनता है। मासिक धर्म में स्त्री को अपवित्र समझकर बर्ताव करना या इस बात को मानना आज की गतिशील और स्त्री-पुरुष समानता की सदी में असम्भव और अनुचित होने से अंधविश्वास बनकर अपने आप किनारे होता है।

तीसरी बात, जो अंधविश्वास खुलेआम शोषण पर, मानवी मूल्यों को कुचलकर खड़े होते हैं; उदाहरण—सती या देवदासी प्रथा, उन्हें स्वीकार करने के लिए सामान्य जनों का समर्थन जितनी मात्रा में नहीं मिलता उतनी मात्रा में वे कम हो जाते हैं। इन सभी प्रयासों के बावजूद भी कई अंधविश्वास शेष रह जाते हैं। यात्राओं में आज भी पालन किए जानेवाले आचार-विचार, रूढ़ि यह उनके सामूहिक स्तर का ही रूप है। किन्तु इस सम्बन्ध में बोलना सामान्य जनों को पसन्द नहीं आता है; बदलना तो दूर ही रहा। इन अनगिनत अंधविश्वासों में आज भी किसी ना किसी स्वरूप में ईश्वर की संकल्पना का ही आधार होता ही है; इसे भी भूल नहीं सकते।

ज्ञान के क्षेत्र में जो सफल हुई हैं और जो प्रमाणित हुई हैं उन घटनाओं पर विश्वास करना और जिसकी अवैज्ञानिकता प्रमाणित हुई उसे अंधविश्वास समझना ये दोनों भिन्न होने के कारण आसान हैं। किन्तु समाज में हर बात पूरी तरह स्पष्ट या प्रमाणित नहीं होती। विचार के क्षेत्र में जिसके बारे में मतभेद हैं, मतभिन्नता है, उस सम्बन्ध में व्यक्ति या समूह अपना-अपना निर्णय एक पक्ष में लेते हैं और उस निर्णय में जज्बातों को शामिल कर देते हैं। उसी समय श्रद्धा का निर्माण होता है। यानी श्रद्धाओं के उक्त विषय सामाजिक जीवन की धारणा के विचारों के प्रवाह दिखाते हैं। खुद के जीवन का या राष्ट्र का निर्माण किस प्रकार करें? धर्म का राष्ट्र निर्माण करें या धर्मनिरपेक्ष पद्धति से करें इस सम्बन्ध में विचार भिन्नता है। वह विश्व की जड़ता में है और विश्व एक स्वयं कारणभाव से बद्ध है, या विश्व के निर्माण के पीछे ईश्वरीय अधिष्ठान होकर वह विश्व को नियंत्रित करता है; यह निरन्तर विवाद का विषय है। ऐसे विवाद वाले विषय सामाजिक जीवन में हमेशा होते हैं और होंगे। समाज में विभिन्न

अवसरों पर विचारों का वे प्रतिनिधित्व करते हैं और करते रहेंगे इसमें संदेह नहीं।

इन विचार प्रवाहों में अपनी ओर से मैंने एक निर्णय निश्चित तौर से लिया है, ऐसा व्यक्ति निश्चित तौर पर बताता है; वह विचार चिकित्सा से स्वीकृत विश्वास होता है। मगर केवल एकाध बात स्वीकृत करने पर सभी प्रकार के कष्टों, मुश्किलों को झेलने की सामथ्र्य नहीं मिलती है। वैसा घटित होने के लिए उन विचारों को जज्बातों का ईंधन देना पड़ता है। इससे ही विश्वास को श्रद्धा का रूप मिल जाता है।

विश्व में, यानी विचारों के क्षेत्र में अक्सर विचार भिन्नता होती है और जज्बातों की उलझन नहीं होती है। इसके विपरीत श्रद्धा के क्षेत्र में हमारा विवाद के तौर पर स्वीकार किया विषय मतभेद का है इसका एहसास होता है। मगर खुद अपने तक उसका सकारात्मक विचार कर व्यक्ति जज्बातों का बल इकठ्ठा कर उसकी कार्यान्विति के लिए कार्य करता रहता है। यह श्रद्धा या अंधविश्वास इसमें भेद करना सम्भव है? श्रद्धा कहाँ पर खत्म होती है और अंधविश्वास कहाँ पर शुरू होता है? हर श्रद्धा में कम, अधिक लेकिन विचारहीनता नहीं होती है? उसका व्यावहारिक उत्तर ऐसा ही है कि एक समय की श्रद्धा अंधविश्वास बनकर सामाजिक जीवन में रुकावट बनती है इसका प्रामाणिकता से एहसास रखना होगा। पृथ्वी के निर्माण के सम्बन्ध में सभी धर्मग्रंथों ने कुछ लिखकर रखा है, उसे माननेवाले लोगों की उस पर श्रद्धा है। इसका मतलब यह कि श्रद्धा रखनेवाले व्यक्तियों को इसे स्वीकार करना होगा कि श्रद्धा सम्बन्धी न्याय जिस समय होगा, उस समय वह ज्ञान की कसौटी पर ही होगा। श्रद्धा के मामले की इस प्रकार जाँच होगी, इसकी उन्हें निरन्तर तैयारी रखनी होगी। उसमें कुछ अलग प्रमाणित होने पर जाँच करनेवाले लोगों को स्वतंत्र निष्कर्ष रखने और उसके लिए लोगों को संघटित करने की अनुमति होनी चाहिए। उसका प्रतिवाद हिंसक पद्धति से न करने के अलावा श्रद्धा सम्बन्धी अपना भावनिक निवेश वह श्रद्धा रखनेवाले को प्रक्षुब्ध करके भी नहीं करना चाहिए। यह विवेक रखें, तो वह श्रद्धा यानी अन्यों को गलत लगनेवाली मगर खुद को उचित लगनेवाली बातों के लिए मुसीबत झेलने के समान ही होगा। किन्तु यह विवेक शायद ही अपनाया जाता है। श्रद्धा की जाँच खुद नहीं करेंगे, और अन्यों को भी करने नहीं

देंगे, किसी के करने पर किसी भी तरह से उसका प्रसार करने नहीं देंगे यह बात अंधविश्वास में ही आ जाती है।

मार्क्सवाद का तत्त्वज्ञान या सावरकर के हिन्दू राष्ट्र निर्माण के विचारों ने कइयों को जरूर बल दिया है, इसके बावजूद उसकी आलोचना करना, उसकी सचाई, झूठ कठोरता से जाँचना, कालविसंगत बातों का त्याग करना और उस तत्त्वज्ञान के विरोध में खड़े रहनेवालों को भी उसकी प्रस्तुति करने की छूट देना आवश्यक है। ऐसा घटित नहीं हुआ तो उस संदर्भ में उन लोगों के आग्रह को अंधविश्वास के तौर पर ही स्वीकार करना होगा।

श्रद्धा और अंधविश्वास में कोई अन्तर नहीं होगा तो नीति-मूल्यों के प्रति होनेवाली श्रद्धा अंधविश्वास साबित होगी। अंधविश्वास निर्मूलन समिति नीति-मूल्यों के खिलाफ आन्दोलन खड़ा करेगी? नीति-मूल्य प्रत्यक्ष प्रमाणों से कुछ साबित कर सकते हैं? नहीं तो उस पर रखे विश्वास को श्रद्धा कहेंगे या अंधविश्वास?

अंधविश्वास उन्मूलन की वैचारिक भूमिका समझ लेने का कष्ट न उठाते हुए गलतफहमियाँ रखी जाती हैं; उक्त प्रश्न इसी का प्रतिनिधिक उदाहरण है। अंधविश्वास उन्मूलन का प्रमुख कार्य व्यक्ति में, समाज में विवेकवादी विचार विकसित करना है। इस विवेक से ही नीति निर्माण होता है।

नीति-मूल्य किसे कहेंगे? जिसमें समाज धारणा होती है और जिनके बर्ताव के सम्बन्ध में आम लोगों में विस्तृत स्वीकृति होती है; ऐसे सर्वसामान्य नियम। समाज धारणा के लिए उसका अस्तित्व अनिवार्य होता है। उदाहरण—सच बोलिए, व्यभिचार मत कीजिए, पड़ोसी पर दया करें; बच्चों से प्यार करें, इस स्वरूप के विचारों को ही हम नीति-मूल्य कहते हैं। इसके पीछे उदात्तता होती ही है; मगर प्रमुखता से सामाजिकता के लिए आवश्यक अपरिहार्यता तत्कालीन होती है। उदाहरण, समाज सुचारु रूप से चलाना हो तो एक-दूसरे से अच्छा बर्ताव करना होगा। प्रत्येक व्यक्ति एक-दूसरे से बेईमानी करेगा तो समाज में गड़बड़ी हो जाएगी। सामाजिक जीवन ही बाधित होगा। अनौरस संतति का

निर्माण नहीं होना चाहिए और जायदाद के विभाजन की समस्या उचित ढंग से हल करनी होगी तो व्यभिचार को अनैतिक करार देना होगा। हर कोई किसी न किसी का पड़ोसी होता ही है। तब सभी को अपने पड़ोसी के प्रति प्रेम रखना सभी के लिए लाभदायक रहेगा। हर एक को बाल्य और वृद्धावस्था से गुजरना होता है। समाज में उनकी बड़ी तादाद होती है। समाज सुचारु रूप से चलता रहे, इसके लिए इन बच्चों को स्नेह और वृद्धों को सुरक्षा मिलनी चाहिए। इस स्वरूप की सामाजिक धारणा के लिए आवश्यक होनेवाले विचारों के ही नीति-मूल्य बने हैं।

इसके साथ ही समाज के एक वर्ग ने अपना निहित स्वार्थ निरन्तर बनाए रखने के लिए कुछ विचारों को नीति-मूल्यों का जामा पहनाया तो अज्ञान के चलते कुछ विचारों की जाँच न करते हुए उन्हें नीति-मूल्यों का दर्जा दे दिया। नीति-मूल्य, ईश्वर और धर्म इनका मेल करने से इन सबकी जाँच करना मुश्किल बन गया।

मनुष्य जीवन की मूल्यात्मकता, समाज धारणा की अपरिहार्यता और समाज जीवन की स्थल काल-सापेक्षता से जो मूल्य समाज और व्यक्ति के हित के साबित होते हैं, अंधविश्वास उन्मूलन आन्दोलन उनका समर्थन और आदर करता है। लेकिन इसके लिए जो जाँच करनी होगी, उसका आधार अपरिहार्यता से बुद्धि प्रमाणवाद और विवेकनिष्ठता ही होती है।

नीतिमूल्यों की, धर्म से परे स्वतंत्र, स्वायत्त विचारों की बुनियाद होती है। नीतिमूल्यों के नाम पर होनेवाला शोषण 'धर्म की नीति' इस नाम से शुरू नहीं रहेगा, इसके लिए नया दृष्टिकोण लोगों में विकसित होना भी जरूरी है। हम एक उदाहरण देखते हैं—सच बोलना, स्त्रियों का अशिक्षित रहकर परिवार-बच्चे सँभालना, ब्राहमणों का मांसाहार न करना ये तीनों बातें सौ-डेढ़ सौ साल पहले अपने समाज में नैतिक थीं। आज क्या स्थिति है?

सच बोलना यह एक स्थायी नैतिक मूल्य है। इसी कारण वह आज भी प्रतिष्ठित है (आचरण में नहीं यह बात अलग)। स्त्रियों को पढ़ना नहीं चाहिए यह विचार पूरी तरह से बदल गया है। स्त्रियों को शिक्षित करने हेतु बाहर निकली सावित्रीबाई फुले को समाज की ओर से पत्थर और गोबर की मार झेलनी पड़ी; उसी महाराष्ट्र में समाज का प्रतिनिधित्व करनेवाला शासन ही स्त्री शिक्षा

के लिए विशेष प्रयास कर रहा है। स्त्रियों को पढ़ने का अवसर देना यह नीति बनी है। समाज सुधारकों के प्रयास, परिवार के लिए अर्थाजन करने के लिए स्त्री को घर से बाहर निकलने के लिए निर्माण हुई आवश्यकता से नीति-मूल्य परिवर्तित हुए हैं। स्त्री को धार्मिक कारण से न पढ़ाना यही अंधविश्वास बन गया है। शाकाहार, मांसाहार इसमें उच्च-नीच क्या इसकी बात चलती रहेगी, लेकिन मांसाहार करनेवाला ब्राहमण अनैतिक है, ऐसा कहना अब हास्यात्मक और मूर्खतापूर्ण साबित होगा। सामाजिक जीवन में इस परिस्थिति से सम्बन्धित मंथन, विचार और विवेक के आधार पर निरन्तर शुरू रखने का यह कार्य अंधविश्वास उन्मूलन के कार्य का मुख्य उद्देश्य है। अंधविश्वासों की चिकित्सा इसीलिए की जाती है। इसी कारण कालसापेक्ष और मनुष्य प्रतिष्ठा पर आधारित नीति-मूल्य समाज के सामने आग्रह से रखने पर सबसे अधिक सहायता ही होगी और हो रही है।

नीति-मूल्यों के पालन का निर्णय विवेक से ले सकते हैं। किन्तु इसको कार्यान्वित करने की शक्ति जज्बातों से ही मिलती है। सच बोलना चाहिए यह ज्ञात होता है लेकिन निजी तौर पर नुकसानदायक होने पर भी 'सच ही बोलें' इसके लिए विवेक से स्वीकार किए 'सत्य बोलिए' इस विचार हेतु भावनिक निवेश करना पड़ता है। यह व्यक्तित्व का संतुलन है। केवल जज्बात अविचारी हो सकते हैं। केवल विवेक होकर भी विचार निष्क्रिय हो सकता है। विवेकी विचारों के कृतिशील आचरण से 'नीतिमूल्यों पर होनेवाली श्रद्धा' ये शब्द किसी के भी प्रयोग करने पर कोई आपत्ति नहीं। बुद्धिप्रमाणता से स्वीकृत विश्वास की ही वह भावनिक परिणति है, इतना ही उसका अर्थ है।

बचपन से आसपास के लोग बताते हैं, "यही तुम्हारे पिता!" मैं श्रद्धा से उसे मान लेता हूँ। क्या मुझे इसकी जाँच करनी चाहिए?

अंधविश्वास उन्मूलन के दौरान निश्चित रूप से पूछा जानेवाला यह एक टेढ़ा प्रश्न है। इस प्रश्न को आवेश से पूछनेवाले एक वकील से, "आपके दो बच्चे आपके ही हैं, इसका क्या प्रमाण?" ऐसा प्रश्न पूछते ही वे नौ दो ग्यारह हो गए।

वैसे तो यह प्रश्न पूछना किसी भी स्त्री के सम्बन्ध में और अपनी माँ या पत्नी के सम्बन्ध में हीन, विकृत मनोवृत्ति को दर्शानेवाला है। इसका अपवाद छोड़ें तो सभी स्त्रियाँ अव्यभिचारी निष्ठा से एक ही पुरुष के साथ यानी अपने पति के साथ रहती हैं। इसी कारण माँ जिस पुरुष के साथ रहती है वह मेरे पिताजी इसे प्रत्यक्ष प्रमाण के आधार पर नहीं तो दृढ़ अनुमान के आधार पर साबित कर सकते हैं। (ज्ञान के क्षेत्र में इसलिए सुसंगत तर्क और अनुमान का बड़ा महत्त्व है।)

लेकिन यह तर्क जाँच के लिए खुला होता है। यदि बड़ा होने पर बच्चा जान गया कि मुझे अनाथ आश्रम से परवरिश के लिए लाया गया है, तो इस बात को वह अनाथ आश्रम के रेकॉर्ड से जाँच सकता है और अपना लालन-पालन करनेवाले माता-पिता मुझे जन्म देनेवाले नहीं है यह उसे ज्ञात हो ज़ाता है। कई बार भाई या बहन नि:संतान होनेवाले अपने भाई या बहन को खुद का बच्चा बचपन से सँभालने के लिए देते हैं। बच्चे को बड़ा होने पर अपने जन्म देनेवाले माता-पिता ज्ञात हो सकते हैं। तब किसी भी स्तर पर उक्त प्रश्न श्रद्धा का नहीं है। दूसरे तरीके से आधुनिक आनुवंशिक शास्त्र की दृष्टि से विचार करें तो आज या कल रंगसूत्र की जाँच से माता-पिता की वैज्ञानिक पहचान हो सकेगी।

अपने माता-पिता कौन हैं यह सच जानकर भी उसे सँभालनेवाले स्त्री-पुरुष को माता-पिता के समान प्यार करनेवाले व्यक्ति की ममता कम नहीं होती है। कारण, वह श्रद्धा पर आधारित न होकर प्रत्यक्ष व्यवहार में उससे जो प्रेम मिलता है उस अनुभूति के विश्वास पर आधारित होता है।

अंधविश्वास उन्मूलन आन्दोलन में निरन्तर हिन्दू धर्म की ही आलोचना क्यों की जाती है? अन्य धर्मों के अंधविश्वासों को आप क्यों अनदेखा करते हैं?

एकाध विषय का मुख्य उद्‌देश्य छोड़कर उसे विकृत रूप देने का प्रयास किस प्रकार होता है, इसकी बेहतरीन मिसाल यह प्रश्न है।

एकाध धर्म के अंधविश्वासों की ही निश्चित हेतु से आलोचना करने का उद्‌देश्य अंधविश्वास उन्मूलन आन्दोलन का न कभी था और न है। अंधविश्वास

के नाम से जिस स्थान पर दिशाभ्रम, फरेब, शोषण, क्रूरता होगी उस स्थान पर अपनी हैसियत के अनुसार आन्दोलनकर्ताओं ने आवाज उठाई है। करम अली के दरगाह के चमत्कार, मीरावली बाबा के दरगाह में भूत बाधा निकालने के लिए जंजीरों से बाँधकर पीटना, कटगुण के पीर के नजदीक जहर उतारने के लिए मोहर्रम के दौरान दिया जानेवाला मंत्र, नांदेड जिले में शरीर में ईसा संचारित होनेवाला बाबा, बोहरा व्यक्ति की स्वतंत्रता पर धर्मगुरुओं का बंधन ऐसे कई उदाहरण हम बता सकते हैं। चूँकि बात अंधविश्वासों की है; धर्म की नहीं तो भी कुछ बातों पर गौर करना होगा।

(अ) हिन्दू धर्म जन्म से मिलने के कारण इस देश के 80 प्रतिशत लोग परम्परा से हिन्दू ही हैं। स्वाभाविक रूप से आन्दोलन में आनेवाले हर दस में से 08 मामले हिन्दुओं के ही होना स्वाभाविक ही है।

(आ) आन्दोलन के कार्यकर्ता भी स्वाभाविक रूप से हिन्दू ही होंगे। अपने देश में परस्पर धर्म की आलोचना सम्बन्धी होनेवाली अनुदारता ध्यान में लें तो, मुसलमान या अन्य धर्म के लोगों द्वारा हिन्दू धर्म की आलोचना करना हमें बिलकुल रास नहीं आता है, यही असलियत है। (हिन्दुओं में तो एक जाति ने दूसरे जाति के दोष दिखाए। उदाहरण—अछूतों ने मराठों के, गड़रियों ने ब्राह्मणों के तो रास नहीं आता है।) यही बात अन्य धर्मों के सम्बन्ध में है, जिससे कुछ हद तक अनिवार्यता के तौर पर स्वयं के धर्म की आलोचना को स्वीकार कर लेना चाहिए, सहना चाहिए।

(इ) बौद्ध, ईसाई, मुस्लिम धर्म हाल ही के दो से ढाई हजार साल के हैं। हिन्दू धर्म के निर्माण काल के सम्बन्ध में विभिन्न मत होने पर भी वह इन धर्मों से दो या ढाई हजार साल निश्चित ही पुराना है। देवी-देवताओं की तादाद भी अधिक है। (शेष सभी धर्म एकेश्वरवादी है।) इसी कारण और हिन्दू धर्म में पुराण अधिक होने से अंधविश्वास आसानी से निर्माण होते हैं। इसी के साथ दूसरी ओर हिन्दू समाज को कठोर चिकित्सा की परम्परा है। प्राचीन समय से चार्वाक,

लोकायत, बुद्ध, अर्वाचीन काल से महात्मा फुले, लोकहितवादी, आगरकर, आंबेडकर, सावरकर, गाडगे बाबा के विचारों के कारण अंधविश्वासों के विरोध का काम चला आ रहा है। (इस्लाम में वह अभी-अभी शुरू हो रहा है। वह कार्य जब बढ़ेगा, उस समय उस धर्म की भी अधिक कठोर आलोचना होगी।)

(ई) सबसे महत्त्वपूर्ण बात यानी धर्म के प्रत्यक्ष, अप्रत्यक्ष आधार पर होनेवाले अंधविश्वास दूर करने का काम समाज को लाभदायी है या हानिकारक? वह लाभदायी है तो वे हमारे ही धर्म के सम्बन्ध में ऐसा क्यों करते हैं ऐसी शिकायतें किसलिए? अंधविश्वास उन्मूलन आन्दोलन का काम जाड़े में सोए मनुष्य के शरीर पर चद्दर ओढ़ाने का न होकर अँधेरे में उसके सिर के पास दिया रखने का है। वैसे तो सभी भारतीयों के लिए वह होना चाहिए। (हमारी वह इच्छा है और हम उसे कर भी रहे हैं।) इसके बावजूद जिन्हें वह केवल अपने ही हिन्दू धर्म के सम्बन्ध में है ऐसा प्रतीत होता है, उन्हें वह लाभदायी प्रतीत होता है या हानिकारक?

✪✪✪